A1/A2

Grammaire contrastive

PARA HISPANOHABLANTES

**MARCELLA DI GIURA - JAVIER SUSO LÓPEZ
DIRECTEUR D'OUVRAGE : JEAN-CLAUDE BEACCO**

Directrice éditoriale : Béatrice Rego
Marketing : Thierry Lucas
Édition : Brigitte Faucard
Conception graphique : Christine Paquereau
Couverture : Mizenpage / Dagmar Stahringer
Mise en pages : Emma Navarro
Enregistrements : Quali'sons

PREÁMBULO

Las diferencias ayudan a aprender

Una gramática para aprender francés. ¿Una gramática más? Sí, tal vez, o tal vez no, porque ésta es especial.

La organización

* Se presenta bajo el formato de 80 fichas, que proponen descripciones sintéticas de las características del francés, en cuanto a la forma de las palabras (morfología) y de su combinación (sintaxis).
* Cada ficha expone un único punto de lengua, particular y preciso.
* Cada ficha va seguida de una serie de ejercicios que permiten aplicar inmediatamente los puntos expuestos, para su correcta asimilación.
* Las fichas abordan la gramática en los niveles A1 y A2 según han sido definidos en el *Marco Común Europeo de Referencia para las Lenguas* (en su versión francesa: *Cadre européen commun de référence pour les langues*) y más concretamente en los *Niveaux de référence pour le français* (A1 y A2, capítulo 5).
* Las fichas se exponen de forma graduada (del A1 al A2) y se van completando según dicha progresión. Si Vd. utiliza estas fichas bajo forma de autoaprendizaje, o como complemento a un curso de francés, le aconsejamos que mantenga ese orden.
* Gracias al índice final, puede Vd. igualmente consultar de modo libre las fichas, en función de sus necesidades, para resolver tal o cual duda que le haya surgido en su aprendizaje.
* La clave de los ejercicios permite comprobar uno mismo la corrección de los mismos.
* Un CD-ROM con grabaciones complementa los puntos gramaticales desde la óptica de la lengua oral.

La presentación y la elección de los contenidos

* Se utiliza el español para las descripciones gramaticales, así como para las instrucciones de los ejercicios.
* Se han seleccionado los puntos de la lengua francesa considerados difíciles para el aprendiente (sea cual sea su lengua materna): por ello, la conjugación de los verbos y la ortografía gramatical poseen un peso esencial.
* Ahora bien, se han privilegiado de modo particular aquellos elementos del francés que han constituido tradicionalmente una fuente de errores para los hispanófonos. Se abordan por ello las descripciones gramaticales desde una óptica contrastiva español-francés.
* La descripción gramatical es sencilla y reducida. Utiliza los términos técnicos imprescindibles. Va seguida siempre de uno o varios ejemplos que ilustran la explicación dada.

El enfoque pedagógico

* Al ponerse en paralelo las dos lenguas, y al exponerse sus divergencias pero igualmente sus convergencias, se activa de modo radical el proceso de aprendizaje. Este enfoque comparativo o contrastivo en la enseñanza de lenguas existe desde hace mucho tiempo. Los profesores acuden normalmente a tal técnica; sin embargo, no ha sido sistematizada en los mismos manuales de gramática francesa. En esta gramática, las explicaciones y los ejercicios se han elaborado por el contrario para un contexto hispanófono, basándose en la experiencia adquirida por profesores que poseen una larga experiencia en la enseñanza del francés. Han sido confeccionados por equipos de autores "mixtos", para adaptarse cuanto más posible a las necesidades de los aprendientes.

Los ejercicios

* Los ejercicios constituyen una parte esencial del dispositivo pedagógico. En un número aproximado de 450, combinan diferentes variedades y se construyen con frases susceptibles de ser utilizadas en las situaciones en las que se desenvuelve quien aprende una lengua. Los ejercicios proponen frases que poseen un sentido real y cercano, que son empleadas en los usos comunicativos naturales tanto de la lengua oral (o francés hablado corriente) como escrita, poniendo en acción el vocabulario específico de los niveles A1 y A2. Pretenden conseguir una corrección tanto en los modos de expresión cuanto en la ortografía gramatical y la fonética (elisión, *liaison*, correspondencia oral-escrito). La tipología de los ejercicios, fundamentalmente homogénea a lo largo de la obra, introduce poco a poco en la segunda parte un trabajo más reflexivo y más comunicativo. En cada ficha, los ejercicios siguen una progresión de lo sencillo hacia lo complejo: en primer lugar, se solicita la capacidad de observación de las reglas expuestas, de reconocimiento de las formas correctas; en segundo lugar, se pretende implicar la comprensión de las frases o de las expresiones, mediante actividades de asociación, por ejemplo. En último lugar, se presentan ejercicios de transformación, de producción y de traducción.
* Otros recursos complementan los ejercicios para un aprendizaje más eficaz: un CD-ROM de audio (con la corrección oral de algunos ejercicios) y los anexos (dos tests de evaluación, cuadros de la conjugación de los verbos, un índice terminológico, una tabla con la representación de los símbolos fonéticos). Se proporcionan igualmente, junto con el manual de gramática, la clave de las correcciones y las transcripciones de los ejercicios, en un cuaderno separado.

El modo de aprender francés

* En el aprendizaje de una lengua, no pueden esperarse milagros: las explicaciones gramaticales juegan su papel, al permitir comprender el funcionamiento de la lengua y consolidar de modo perenne el aprendizaje. Pero hay que tener paciencia: hay que memorizar los ejemplos, fijarse en los cuadros, leer las observaciones, hacer los ejercicios reflexionando siempre acerca de lo que se está haciendo. Las explicaciones gramaticales y los ejercicios sirven de complemento a otros modos de adquirir la lengua: oyendo y leyendo francés en internet, escuchando canciones, viendo la televisión… Una lengua se adquiere y se aprende por el contacto continuo y prolongado con la misma. Si Vd. multiplica las fuentes de exposición para con la lengua, esta obra le ayudará a conseguir su propósito de modo decisivo, puesto que le proporciona algo importante: comprender el funcionamiento de la lengua francesa llamando su atención sobre las diferencias con el español.

SOMMAIRE

SOMMAIRE

Je parle, tu écoutes...

Hablo, escuchas...

PRONOMS SUJETS

• En francés, los pronombres personales sujeto *je, tu, il/elle, nous, vous, ils/elles* deben ser expresados siempre: es lo que permite distinguir, al hablar, quién realiza la acción del verbo (*yo*, *vosotros*, etc.).

• Se colocan delante del verbo y no llevan acento tónico.

Pronoms sujets
1 je
2 tu
3 il, elle
4 nous (*nosotros, nosotras*)
5 vous (*vosotros, vosotras*)
6 ils, elles

— *Ah ! **Tu** parles français ?*
— *Oui, **je** parle français ; un petit peu.*

VERBES À UNE BASE (*RAIZ*)

• Los verbos en *-er*, como *parler*, tienen habitualmente una sola raíz: *parl-*. Las terminaciones del presente de indicativo son las siguientes:

Persona	Parler	
1	je parl-e	[paRl]
2	tu parl-es	[paRl]
3	il/elle parl-e	[paRl]
4	nous parl-ons	[paRlɔ̃]
5	vous parl-ez	[paRle]
6	ils/elles parl-ent	[paRl]

• Las terminaciones *-e, -es, -ent* no se pronuncian, son "mudas"; las otras dos: *-ons* y *-ez* se pronuncian:

> *je rentr-e* [RãtR] *; ils écout-ent* [ecut] *; nous parl-ons* [paRlɔ̃]

 J'aime le rock !

Cuando el verbo comienza por una vocal (o *h*), *je* se transforma en *j': J'aime...*

1 Utilice el pronombre sujeto correspondiente según las indicaciones entre paréntesis.

*Exemple : Il travaille beaucoup. (mes collègues et moi) → **Nous travaillons beaucoup.***

1. Elles rentrent tôt ce soir. (Max) → ....
2. Tu arrives par le train de huit heures. (Théo et moi) → ....
3. Ils parlent trop ! (Paola et toi) → ....
4. J'adore l'histoire. (Flora) → ....
5. Elle parle bien espagnol. (Alban) → ....
6. Je reste à la maison aujourd'hui. (Damien et Vanessa) → ....

2 Ponga el verbo en la forma de presente indicada.

*Exemple : (regarder, personne 4) rarement la télé. → **Nous regardons** rarement la télé.*

1. (trouver, personne 1) Alain sympathique. →...
2. Dimanche, (fêter, personne 6, masculin) l'anniversaire de leur fille. → ....
3. (rentrer, personne 3, féminin) du Mexique le mois prochain. →...........................
4. (rester, personne 5) là ! D'accord ? →...
5. (insister, personne 2) trop, ce n'est pas bien ! →...
6. Et maintenant, (inviter, personne 4) les participants à poser des questions. → ....

3 Complete con el pronombre personal correspondiente.

*Exemple : ...... accompagnes maman à la pharmacie ? → **Tu** accompagnes maman à la pharmacie ?*

1. ...... utilisez trop la voiture !
2. Samedi, ... invite mes copains dans ma maison de campagne.
3. Est-ce que ...... aimes la tarte aux fraises ?
4. ...... s'appelle Catherine, comme Catherine Deneuve !
5. ...... demandons simplement une explication !
6. Frank est sans emploi, tu sais ; ...... cherche du travail.

4 Escuche y complete los verbos con la terminación correcta.

Exemple : Son fils parl ...... cinq langues ! → Son fils parle cinq langues !

1. Tu montr...... tes photos du Pérou à Léa ?
2. Nos voisins pens...... s'installer en province.
3. Nous appel...... la police immédiatement.
4. Théo regard...... l'arrivée du Tour de France à la télé.
5. Les profs de langues accompagn...... les classes de troisième, à Strasbourg !
6. Vraiment ! Je trouv...... que vous exagér......

5 Traduzca las frases siguientes al francés, ayudándose de las sugerencias entre paréntesis.

*Exemple : ¿A qué hora volvéis a casa? (rentrer) → **Vous rentrez à quelle heure ?***

1. ¿Mis tías? Viven en el campo. (*mes tantes, habiter, à la campagne*) → ....
2. Cantamos en el coro de nuestro barrio. (*chanter, le chœur, notre quartier*) → ....
3. ¿Sebastián? Vuelve de vacaciones el viernes. (*rentrer, vacances, vendredi*) → ....
4. Termino este trabajo y voy. (*terminer, ce travail, arriver*) → ....
5. ¿Mis amigos? Llegan mañana. (*mes amis, arriver, demain*) → ....
6. ¡Hablas siempre de fútbol! (*parler, toujours, football*) → ....

On se dit tu ?

¿Nos tratamos de tú?

- En francés, se utiliza *tu* como forma de tratamiento corriente y *vous* (persona 5) como forma respetuosa (o *vouvoiement*):

    Alors ? Tu viens manger ? **(una mujer a su marido)**

    Vous désirez autre chose, madame ? **(un vendedor a una cliente)**

- En caso de duda (situación de comunicación formal, interlocutor desconocido), es mejor utilizar *vous*:

    Excusez-moi, je voudrais passer ! **(un adulto a un joven desconocido)**

Interlocutor desconocido, no igual	Interlocutor desconocido, igual	Interlocutor conocido, no igual	Interlocutor conocido, igual
Vous	**Vous** ***Vous** descendez ?* (adulto a adulto, en el metro)	**Vous** (**tu** posible) ***Vous** venez, Hervé ?* (director a su colaborador)	**Tu**

 El tratamiento de tú (el tuteo) entre desconocidos no es habitual; ahora bien, el tuteo es bastante frecuente entre jóvenes que no se conocen:

    Comment tu t'appelles ? **o bien:** *Tu t'appelles comment ?*

1 Subraye el pronombre *vous* de cortesía (diferente de *vous* plural = tú y otra persona/otras personas).

Exemple : Bonjour, mademoiselle. → ***Vous** êtes française ?*

1. Qu'est-ce que vous lisez, en ce moment, Emmanuel ?
2. Tu as quatre frères ? Ah, vous êtes une famille nombreuse !
3. Moi, je suis de Tours. Et vous, Loïc, vous êtes… ?
4. Et maintenant, chers télespectateurs, vous allez participer à notre jeu !
5. Vous êtes marié ou célibataire ?
6. Élisa, vous faites des études de droit, n'est-ce pas ?

2 Complete con *tu* o *vous*, según el sentido de las frases.

Exemple : Jean tu es là ? …… m'aides, s'il te plaît ? → *Jean tu es là ? **Tu** m'aides, s'il te plaît ?*

1. Bonjour, madame Delord. …… arrivez de Nice ?
2. Salut, Raphaël ! …… rentres du travail ?
3. Monsieur Guigou, …… patientez, s'il vous plaît ? Le docteur arrive.
4. Allô, Théo ? …… téléphones d'où ?
5. …… travaillez ici ?
6. …… parles japonais ?

3 Diga lo mismo a las personas indicadas entre paréntesis.

Exemple : *Vous arrivez de Lima, madame, par le vol AF72 ? (à un jeune passager de votre âge)*
→ ***Tu** arrives de Lima, par le vol AF72 ?*

1. Monsieur, vous cherchez quelqu'un ? (à Claire, la petite fille de votre voisine) → ....
....

2. Moussa, tu rentres quand de vacances ? (à monsieur Rolland, le gardien de votre immeuble)
→ ....

3. Madame, vous parlez plus fort, s'il vous plaît ? (à Jérémie, votre cousin) → ....
....

4. Excuse-moi, quelle heure est-il ? (à un passant) → ....

5. William, tu restes en France longtemps ? (à mademoiselle Moreno, stagiaire) → ....
....

6. Vous louez un appartement l'été, monsieur Fricker ? (à Fabrice, votre ami) → ....
....

4 La persona A pide a la persona B que haga algo: forme frases utilizando los elementos indicados en la tabla. Añada al final: *s'il vous plaît* o *s'il te plaît.*

Exemple : *(Théo demande à M. Duthion, son professeur, de répéter la dernière phrase.)*
→ ***Monsieur, vous répétez la dernière phrase, s'il vous plaît ?***

Personne A		Personne B	
I. **Madame Gautherot**		son fils, Louis	*de fermer la fenêtre.*
2. **Laure**		M. Duthion, son professeur	*de répéter la dernière phrase.*
3. **Théo**		sa sœur, Emma	*d'acheter du cacao (tu achètes/ vous achetez).*
4. **Monsieur Rey**	**demande à**	mademoiselle Ribérol, sa secrétaire	*de garer sa voiture plus loin (ta voiture/votre voiture).*
5. **Monsieur Galtier, fleuriste**		un automobiliste	*de faire vite (tu fais/vous faites).*
6. **Sacha**		son camarade Benoît	*de fixer un rendez-vous avec le docteur Binet.*

5 Traduzca las frases siguientes al francés, ayudándose de las sugerencias entre paréntesis.

Exemple : *Señor ¿tiene usted algo más que declarar ? (avoir, autre chose, à déclarer)*
→ ***Monsieur, vous avez autre chose à déclarer ?***

1. Antonia, ¿hablas inglés o alemán? (*parler, anglais, allemand*) → ....
....

2. Señora Mony, ¿llama usted al señor Pérez a las tres? Gracias. (*téléphoner, à trois heures*) →
....

3. Por favor, ¿cómo se llama usted? (*comment, s'appeler*) → ....

4. Mariano, ¿vamos al cine esta tarde? (*aller, au cinéma, cet après-midi*) → ....
....

5. Buenas tardes, Señor Rigal. ¿Qué desea hoy? (*bonsoir, qu'est-ce que, désirer*) → ....
....

6. ¡Pase, se lo ruego ! (*passer : passe/passez, je te/vous en prie*) → ....
....

J'ai vingt ans !
¡Tengo veinte años!

- Los verbos más frecuentes son generalmente los menos regulares. Así, en el presente de indicativo, el verbo *avoir* presenta 6 formas en el escrito y 5 formas en el oral.

Avoir [avwaR]	
En el escrito	**En el oral**
1. *J'ai* tort.	[ʒɛ]
2. *Tu as* raison.	[tya]
3. *Il a*, *elle a* du charme.	[ila, ɛla]
4. *Nous avons* faim.	[nuzavɔ̃]
5. *Vous avez* de la chance.	[vuzave]
6. *Ils ont*, *elles ont* des problèmes.	[ilzɔ̃, ɛlzɔ̃]

- *Avoir* corresponde a los verbos españoles *haber* y *tener*. Se utiliza:

  - para formar los tiempos compuestos:

    J'ai parlé, j'avais parlé... (He hablado, había hablado...)

  - como verbo independiente:

    Tu as une maison ou un appartement ?

⚠ Las personas 4, 5 y 6, en el oral, se pronuncian con la *liaison*.

  nous_avons [nuzavɔ̃]
  vous_avez [vuzave]
  ils_ont [ilzɔ̃], *elles ont* [ɛlzɔ̃]

---

1 Ponga las formas del verbo *avoir* en la persona indicada.

Exemple : Il a trois enfants, deux filles et un garçon. (nous)
  → *Nous avons trois enfants, deux filles et un garçon.*

1. Il a peur du noir. Eh oui ! (je) → ....
2. Nous avons une voiture électrique, une japonaise ! (elle) → ....
3. Nous avons beaucoup de choses à faire aujourd'hui ! (tu) → ....
4. Ils ont une boulangerie, rue de Constantine. (nous) → ....
5. J'ai un train à dix heures dix. (il) → ....
6. Tu as mal à la tête ? J'ai de l'aspirine. (vous) → ....

2 Complete con las formas del presente de *avoir*.

Exemple : Tu ...... *une jolie cravate aujourd'hui !* → *Tu **as** une jolie cravate aujourd'hui !*

1. Je .... une belle maison, au bord de la mer !

2. Vous .... un euro, s'il vous plaît ?

3. Les Sansault .... un grand appartement, un duplex.

4. Gwenaëlle .... un examen demain.

5. Tu .... une moto, maintenant ?

6. Nous .... du travail, beaucoup de travail, en ce moment !

3 Complete las frases según las indicaciones.

Exemple : Est-ce que .... *l'adresse de Bernard ? (tu)* → *Est-ce que **tu as** l'adresse de Bernard ?*

1. .... l'air en forme ! (vous)

2. .... du jus d'orange ? (tu)

3. .... un restaurant en Bretagne. (il)

4. .... les billets pour Madrid. (ils)

5. .... des choses à te dire ! (je)

6. .... raison. (elle)

4 Escuche y complete los intercambios siguientes.

Exemple : – .... *quel âge, Laurent ? –* .... *cinq ans, madame.*

→ – *Tu as quel âge, Laurent ? – J'ai cinq ans, madame.*

1. – Jules, ... encore du travail ? – Oui, ... encore du travail.

2. – Ludivine a une bronchite ! – C'est vrai ? .... une bronchite ? Et depuis quand ?

3. – .... des amis à la maison ? – Oui, oui, nos amis de Toulouse.

4. – .... du retard ! – C'est toujours comme ça.

5. – .... une idée ! Nous allons à Deauville dimanche ! – .... toujours des idées géniales.

6. – Dis, ... un bon médecin ? – Oui, ... son numéro de téléphone sur mon portable.

5 Según las respuestas indicadas, escriba las preguntas posibles.

Exemple : Oui, nous avons soif, il fait chaud. → ***Vous avez soif ?***

1. Oui, oui, Anne-Charlotte a un petit chat. → ....

....

2. J'ai un balcon avec des plantes. → ....

....

3. Oui, bien sûr, Julien a son permis de conduire. → ....

....

4. Nous avons une réunion demain. → ....

....

5. Oui, Philippe et Barbara ont deux enfants. → ....

....

6. Aujourd'hui, vous avez trois rendez-vous, monsieur. → ....

....

Je suis content !

¡Estoy contento!

● Las formas del verbo *être* son poco previsibles: posee 5 formas en el oral y 6 formas en el escrito en el presente de indicativo.

Être [ɛtR]	
En el escrito	**En el oral**
je suis	[ʒəsɥi]
tu es	[tyɛ]
il est, elle est	[ilɛ, ɛlɛ]
nous sommes	[nusɔm]
vous êtes	[vuzɛt]
ils sont, elles sont	[ilsɔ̃, ɛlsɔ̃]

● El verbo *être* corresponde a los verbos españoles *ser* y *estar*.

> *Je <u>suis</u> professeur.* **(Soy profesor.)**
> *Je <u>suis</u> fatigué.* **(Estoy cansado.)**

● Se utiliza para formar los tiempos compuestos de algunos verbos:

> *Je <u>suis</u> né au Venezuela.* **(He nacido…)**

● Se utiliza frecuentemente seguido de un adjetivo o un sustantivo, y sirve para describir, presentar, informar:

> *Je <u>suis</u> grand maintenant !* **(con un adjetivo: describir)**
> *Lui, c'<u>est</u> mon ami Paul.* **(con un sustantivo: presentar)**
> *Sa mère <u>est</u> infirmière.* **(informar)**

● Pero también puede utilizarse con otros sentidos:

> *Vous <u>êtes</u> dans le commerce ?* **(con la preposición *dans*: ¿Trabajas en el comercio?)**
> *Tu <u>es</u> pour l'écologie ?* **(con otra preposición: ¿Estás a favor de la ecología?)**

1 Subraye las formas del verbo *être* y escriba al lado el pronombre sujeto correspondiente al sustantivo sujeto.

Exemples : Nous sommes libres demain. → *Nous **sommes** libres demain.*
Martin est de Nantes. (......) → *Martin **est** de Nantes. **(il)***

1. Marion est au Pérou. (......)
2. Diego et moi, nous sommes à Lille, dimanche.
3. Tu es à la maison ?
4. Le dictionnaire de français est sur l'étagère, à droite. (......)
5. Nos amis sont encore en retard ! (......)
6. Je suis à Saint-Tropez et je pense bien à vous.

2 Elija la respuesta correcta.

Au présent, pour le verbe *être* :
à l'écrit, il y a   6 formes ☐   4 formes ☐   3 formes ☐
à l'oral, il y a   6 formes ☐   5 formes ☐   4 formes ☐

3 Escuche y ponga una x en la forma correspondiente del verbo *être*.

Exemple : **Tu es Julie ?** [ɛ]

	[ɛ]	[sɔm]	[sɔ̃]	[ɛt]
1. Ils *sont* où, mes gants ?	☐	☐	☐	☐
2. Nous *sommes* contents de vous voir.	☐	☐	☐	☐
3. Tu *es* là cet après-midi ?	☐	☐	☐	☐
4. Ce gâteau *est* très bon !	☐	☐	☐	☐
5. Hugo *est* en retard.	☐	☐	☐	☐
6. Merci, vous *êtes* si gentil, mon garçon.	☐	☐	☐	☐

4 Forme seis frases diferentes a partir de la tabla siguiente.

Exemple : **Tout le monde est d'accord.**

Je Tout le monde Vous	être, *au présent*	en forme à l'heure en retard d'accord

5 Complete con las formas correctas de *être*, en el presente.

Exemple : Nous .... prêts ! → **Nous sommes prêts !**

1. Ils .... en vacances, à Séville.
2. Monsieur Nizard, vous .... où ? Devant la porte ?
3. Je .... Yanis, Yanis Vidal.
4. Elle .... au lycée.
5. Tu .... belge ? D'où ?
6. Nous .... étudiants en médecine.

6 Traduzca las frases siguientes al francés.

Exemple : Mi hermana es profesora de francés en Argentina. (professeur/e m./f.)
    → **Ma sœur est professeure de français en Argentine.**

1. Henry es inglés, pero vive en Paris. (anglais, habiter, à) → ....
2. Los plátanos están a un euro solamente. (banane f., seulement) → ....
3. Esta ciudad es muy moderna. (ville f., moderne) → ....
4. Mañana tengo un examen. Estoy muy nervioso. (demain, examen m., nerveux) → ....
....
5. Estamos al norte de Grenoble, en la autopista. (nord m., sur, autoroute f.) → ....
....
6. La reunión es el martes, a las cinco de la tarde. (réunion f., mardi, à cinq heures) → ....
....

Au revoir, les enfants !

¡Adiós, niños!

- Como en español, el francés dispone de un artículo llamado *article défini* (artículo determinado).

	Singular		Plural	
	delante de consonante	delante de vocal	delante de consonante	delante de vocal
Masculino	le [lə]	l' [l]	les [le]	
Femenino	la [la]	l' [l]		

- El artículo determinado acompaña a un nombre conocido y/o único o bien ya mencionado anteriormente.

  Le pays où tu es né...
  Les étoiles brillent dans la nuit.
  J'aime la musique.

- La oposición de género sólo existe en singular *(le/la)* y hay una única forma para el plural *(les)*.

  - Las formas *le/la* se convierten en *l'* delante de una palabra que comienza por vocal o *h (élision)*.

    l'automobiliste, l'orange, l'hôpital

  - *Les,* delante de vocal o *h*, se pronuncia con la *liaison*.

    les enfants [lezãfã], *les hommes* [lezom]

   Con algunas palabras que comienzan por *h* no se hace la *liaison* ni la *élision*.

    le héros, le hasard, le huit, la haine, les haricots, le hall, la Hollande, la Hongrie...

- *Le* y *les* se " contraen " con las preposiciones *à* y *de*.

  Il va au stade. (à + le = au [o]*)*
  Elle téléphone aux amis. (à + les = aux [o]*)*
  Le prix du pain augmente. (de + le = du [dy]*)*
  La couleur des fleurs est magnifique. (de + les = des [de]*)*

1 Escuche y subraye las palabras que contienen el sonido [ə], como *le*.

Exemple : Le temps change demain ! → **Le** temps change demain !

1. Le frère d'Axel est militaire.

2. Tu vas chercher le pain pour le dîner ?

3. Les roses et le lilas du jardin sentent bon.

4. Je prends le train demain, à midi.

5. Les touristes visitent d'abord le musée archéologique, puis la cathédrale.

6. Il n'y a personne dans le centre-ville en juillet.

 2 Escuche y complete con *le* [lə] o *les* [le], según convenga.

Exemple : ...... *vélo* → **Le** *vélo*

1. ...... villes

2. ...... vent

3. ...... pays

4. ...... garçons

5. ...... cours

6. ...... ciel

7. ...... journaux

8. ...... prix

3 Complete con el artículo correcto: *le, la, les, l'*.

Exemple : ...... *nouvel ordinateur ne marche pas !*
→ **Le** *nouvel ordinateur ne marche pas !*

1. ...... amie de Suzanne s'appelle Pauline.

2. Tu as fait ...... comptes ?

3. ...... appartement de Lino est au troisième étage.

4. ...... fruits sont chers, cette année !

5. ...... parfum du jardin entre dans la maison.

6. Monsieur, s'il vous plaît, où est ...... farine ?

 4 Escuche y complete con el artículo determinado *le, la, les*. Luego lea las frases en voz alta cuidando la pronunciación (*liaisons*).

Exemple : ...... *Hollandais sont producteurs et exportateurs de légumes.*
→ **Les** *Hollandais sont producteurs et exportateurs de légumes.*

1. Les numéros gagnants sont ...... huit et ...... quinze !

2. Nous attendons dans ...... hall, d'accord ?

3. Adrien déteste ...... haricots ; c'est un enfant !

4. ...... haine est un sentiment terrible.

5. Vraiment, ... hasard fait bien les choses !

6. Je n'aime pas ...... héros de ce film.

5 Añada *le, la, les* y *du, de la, de l', des*, según convenga.

Exemple : Nous avons ...... *invités ce soir* → *Nous avons* **des** *invités ce soir.*

1. C'est .... collègue de Claire, elle est de Marseille.

2. Tu as .... numéro de téléphone .... agence *Orients* ?

3. J'appelle tout de suite .... garagiste pour .... voiture.

4. .... héros .... romans sont souvent jeunes et beaux.

5. .... nouveau traité de coopération .... Union Européenne entre en vigueur en janvier.

6. .... fille .... directeur travaille en Afrique, dans l'import-export.

Des paysages superbes !

¡Paisajes preciosos!

- Los adjetivos concuerdan en género y número con el sustantivo.

  un peintre intéressant/une exposition intéressant<u>e</u>, des garçons brun<u>s</u>/des filles brune<u>s</u>

- Como regla general, en el escrito, se añade una *-e* a la forma de masculino.

  une petit<u>e</u> fille

  Ahora bien:

  - A veces la *-e* es muda:

    joli/jolie, gai/gaie adoré/adorée, poli/polie, général/générale, seul/seule…

  - A veces, al añadirse una *-e*, se modifica la ortografía:

    exceptio<u>nnel</u>/exceptio<u>nnelle</u>, c<u>h</u>er/c<u>h</u>ère, pub<u>l</u>ic/pub<u>l</u>ique…

  sin que cambie la pronunciación.

  - En otros casos, al añadirse una *-e*, se modifica la pronunciación:
    -se pronuncia la consonante final:

    Quand j'étais petit… [ti] **(la *t* final no se pronuncia)/*J'ai une petite* [tit] *faim.* (la *t* final se pronuncia)**

  -la consonante final cambia en la pronunciación: *f → v*

    neuf [f]/*neuve* [v]

  -cambian la pronunciación de la vocal y la ortografía:

    bon [bɔ̃]/*bonne* [bɔn], *argentin* [aʁʒɑ̃tɛ̃]/*argentine* [aʁʒɑ̃tin]

  Y también:

    entier [ɑ̃tye]/*entière* [ɑ̃tyɛʁ], *long* [lɔ̃]/*longue*[lɔ̃g], *heureux* [øʁø]/*heureuse* [øʁøz]

  - Algunos adjetivos tienen una única forma para masculino y femenino, tanto en el oral como en el escrito:

    utile, riche, magnifique, calme, facile, jeune…

   Beau(x) se transforma en *belle(s)*, *nouveau(x)* en *nouvelle(s)* y *vieux* en *vieille(s)*:

    Quelles belles nouvelles tu me donnes !

1 Escuche y escriba el adjetivo en su forma masculina.

Exemples : mince → **mince**

intelligente → **intelligent**

Féminin	Masculin		Féminin	Masculin
1. bonne →			**5.** ancienne →	
2. vraie →			**6.** portoricaine →	
3. légère →			**7.** facile →	
4. lourde →			**8.** moyenne →	

2 Escuche y lea en voz alta esta conversación entre dos amigas; luego, ponga una x en el cuadro correspondiente (sonido nasal/no nasal de las palabras subrayadas).

Exemple : C'est une b<u>on</u>ne nouvelle ! [ɔn] /C'est un b<u>on</u> ami ! [ɔ̃]

Élise : Ta nouvelle collègue est ital<u>ienne</u> ?   [ɛn] ☐   [ɛ̃] ☐

Marina : Non, c'est son mari qui est ital<u>ien</u>.   [ɛn] ☐   [ɛ̃] ☐

Élise : Ah, b<u>on</u> ! Et vous vous entendez bien ?   [ɔn] ☐   [ɔ̃] ☐

Marina : Oui, très bien. C'est une b<u>on</u>ne amie, en plus !   [ɔn] ☐   [ɔ̃] ☐

Élise : Tu as de la chance ! Moi, au travail, avec mes

collègues, c'est vraiment très moy<u>en</u> !   [ɛn] ☐   [ɛ̃] ☐

3 Ponga los adjetivos en su forma femenina y señale con una cruz el tipo de consonante en la pronunciación.

Exemple : heureux → **heureuse** [z]

	[t]	[d]	[z]
1. gris →	☐	☐	☐
2. petit →	☐	☐	☐
3. envieux →	☐	☐	☐
4. rond →	☐	☐	☐
5. plat →	☐	☐	☐
6. blond →	☐	☐	☐

4 Complete las frases con el adjetivo indicado.

Exemple : Il y a une .... faute dans ta dictée. (gros) → **Il y a une grosse faute dans ta dictée.**

1. Je mets la veste .... ou l'autre ? (bleu)

2. Ils ne lisent que la presse .... (sportif)

3. Arthur a une .... sœur qui travaille dans une banque. (grand)

4. On a une .... machine à café électrique. (nouveau)

5. Le poulet " al mole poblano " est une spécialité .... (mexicain)

6. Dans cette boutique, il y a de .... choses. (beau)

5 Transforme las frases, según las indicaciones.

Exemple : Ce pantalon est trop long ! (Cette robe) → **Cette robe est trop longue !**

1. Son fils ? C'est un jeune homme sympathique. (Sa fille) → ....

2. Séverine est une nouvelle collègue. (Sébastien) → ....

3. Mariano est cubain et fait un master à la Sorbonne. (Marcela) → ....

4. Ce sont des statues amérindiennes. (des monuments) → ....

5. C'est une histoire intéressante. (un livre) → ....

6. C'est un garçon capricieux et difficile. (une fille) → ....

Les travaux et les jours
Los trabajos y los días

- En francés, las marcas del plural en el oral y en el escrito son muy diferentes del español.

- **En el oral**, el plural se identifica gracias:

  - al determinante (artículo, adjetivo demostrativo, posesivo) : *le* [ə]/ *les* [le], *ce/ces, son/ses*, etc.:

    Le mur est blanc [ləmyRɛblã] / *Les murs sont blancs* [lemyRsɔ̃blã] **(2 marcas de plural)**

  - a la forma del verbo:

    Le mur <u>est</u> blanc. / Les murs <u>sont</u> blancs.

  - a la presencia de una *liaison*:

    Les_enfants jouent [lezãfãʒu] *dans la cour.*

- **En el escrito**, el plural de los sustantivos y de los adjetivos se marca generalmente con -s. Esta -s no se pronuncia:

    Les murs sont blancs. **(4 marcas de plural)**

 Los pronombres *il/ils, elle/elles* no se diferencian en el oral:

  Ils crient [ilkRi]. **se pronuncia como** *Il crie* [ilkRi].

CASOS PARTICULARES

- Para formar el plural, se añade al singular:

  - **-aux** [o], a los sustantivos y adjetivos masculinos terminados por -al y -ail: *le travail, le journal, l'animal, l'hôpital/général, amical...*

    C'est le premier mai. Pas de journaux.

  - **-x** a los sustantivos y adjetivos terminados por -au, -eu, -eau: *le jeu, le feu, l'eau/nouveau, beau...* (en el oral, no hay ningún cambio):

    Tu as les cheveux trop longs !

- Los sustantivos y adjetivos masculinos que terminan por la consonante -x, -z o -s: *le pays, le gaz, le nez, la voix.../heureux, curieux, mauvais...* son **invariables**:

    le prix / les prix
    un Français / des Français
    Il est heureux. / Ils sont heureux.

 un œil / des yeux

1 Subraye las marcas de plural de los sustantivos y de los adjetivos. Luego, escuche las frases.

Exemple : Les cerisiers ont des fleurs blanches. → **Le̲s̲ cerisier̲s̲ ont des fleur̲s̲ blanche̲s̲.**

1. Les nuages viennent de l'ouest, maintenant.
2. Les voitures forment de longues files sur l'autoroute.
3. Tous les ans, ils passent leurs vacances en Corse.
4. Les nouvelles réformes concernent l'école.
5. En été, les prix des hôtels sont plus chers.
6. Certains bus ne circulent pas le dimanche.

2 Ponga una x en *oui* o *non*.

	Oui	Non
1. En général, les mots qui se terminent par -s sont au pluriel.	☐	☐
2. Les mots qui se terminent par -eu, -eau, -au prennent un -x au pluriel.	☐	☐
3. Les mots qui se terminent par -x, -s, -z ont un pluriel en -xs, -ss, -zs.	☐	☐
4. Les marques du pluriel à l'écrit sont plus nombreuses qu'à l'oral.	☐	☐
5. Pour les pluriels en -s, c'est le déterminant (*les, ces, ses*...) qui indique le nombre à l'oral.	☐	☐

3 Forme frases a partir de los elementos proporcionados en desorden.

Exemple : **La fête du lycée est supprimée, cette année.**

L'artisanat mexicain   changent ! Eh oui !   Le cours de grammaire

La fête du lycée   Tes lunettes de soleil   sont par terre ! Attention !

Les temps   protègent les animaux en danger.   **est supprimée, cette année.**

est au premier semestre ?   Les associations d'écologistes   est très original.

4 Ponga en singular o en plural las frases obtenidas en el ejercicio n° 3, si es posible.

5 Transforme las frases del singular al plural, como en el ejemplo.

Exemple : Le pays enregistre une augmentation de 8 %, cette année.

→ **Les pays enregistrent** *une augmentation de 8 %, cette année.*

1. La dernière nouvelle n'est pas bonne. → ....
2. Il est heureux aujourd'hui ! → ....
3. La ville organise des animations pour les enfants. → ....
4. La vente sur Internet augmente rapidement. → ....
5. L'antivirus des ordinateurs est utile. → ....
6. Le dernier film de ce réalisateur est mauvais. → ....

6 Escuche la grabación del ejercicio n°5 y verifique si sus transformaciones son correctas. Luego, escuche de nuevo la grabación y escriba los sonidos de *liaison* que oiga: [z] o [t] (a veces, no hay).

1. ......   3. ......   5. ......

2. [t]   4. ......   6. ......

Le printemps arrive !
¡Llega la primavera!

- El francés como el español tiene dos géneros: masculino y femenino.

- El género de los **nombres de personas** se corresponde con el sexo:

  Léonore est contente mais Thomas est déçu.

  - Ahora bien, algunos nombres pueden utilizarse para ambos sexos:

    Dominique, Claude, Camille...

- Los **nombres de países** y de **regiones terminados en -e** son generalmente de género femenino, tales como:

  l'Italie, l'Argentine, la Bretagne, la Provence...

  pero no todos: *le Mexique.*

- Cuando los **nombres comunes** se refieren a seres humanos, el género indica habitualmente el sexo (→ *Ficha 9*):

  une dame, une fille, un petit garçon...

  Pero no siempre: *un juge, un ministre, un médecin, un enfant, des parents...* pueden referirse tanto a una persona de sexo masculino como de sexo femenino.

- En el caso de los animales, únicamente existen nombres masculinos y femeninos para referirse a los animales domésticos: *le coq, la poule, le cheval, la jument...*

  En cambio: *le serpent, le moustique, le crocodile, la tortue...* poseen una sola forma.

- Los nombres de cosas, ideas, etc., no siempre corresponden con el género en español:

le lait (la leche)	*la chaleur* (el calor)	*le printemps* (la primavera)
le sel (la sal)	*la couleur* (el color)	*la campagne* (el campo)
une dent (un diente)	*la douleur* (el dolor)	*la mer* (el mar)
le visage (la cara)	*le lit* (la cama)	
le front (la frente)	*la voiture* (el coche/carro)	

- La terminación de la palabra (en los nombres comunes) no nos ayuda a saber el género de la misma.

1 Subraye los sustantivos que poseen en francés un género diferente del español. Luego, escríbalos en ambas lenguas.

Exemple : *La chaleur est insupportable.* → **La chaleur** est insupportable.

	Français	**Espagnol**
	la chaleur	el calor
1. Julie a un visage fatigué aujourd'hui.	....	....
2. J'ai mal à une dent.	....	....
3. Le rouge est la couleur de la passion.	....	....
4. Cette année, il fait très froid.	....	....
5. C'est une erreur grave.	....	....
6. Est-ce qu'il y a du lait ?	....	....

2 Una las dos partes de las frases.

Exemple : *I. L'automne   a. est une belle époque de l'année.*
→ **L'automne est une belle époque de l'année.**

1. C'est une   a. sont en augmentation.
2. Nous avons un   b. année difficile pour nous.
3. Sur l'autoroute, les voitures   c. nouveau contrat !
4. Les derniers résultats ? Mais ils   d. beurre pour le gâteau.
5. Il faut du   e. une minute de plus !
6. Je ne reste pas   f. vont à 130 km/h.

3 Anãda los artículos correspondientes a los sustantivos.

Exemple : *Tu me passes ...... sel (s.m.) ?* → *Tu me passes **le** sel ?*

1. ...... printemps (s.m.) est en avance !
2. ...... lait (s.m.) est fini ?
3. ...... fille (s.f.) du voisin s'appelle Bérénice.
4. ...... couleurs (p.f.) du ciel sont très belles ce soir.
5. C'est ...... dernière minute (s.f.) du match.
6. Demain, je prends ...... voiture (s.f.).

4 Complete las frases ayudándose de las palabras subrayadas para conocer el género.

Exemple : *...... Norvège n'est pas dans l'UE, mais elle est au Conseil de l'Europe.*
→ **La** Norvège n'est pas dans l'UE, mais **elle** est au Conseil de l'Europe.

1. ...... Seine traverse Paris. <u>Elle</u> est importante dans l'histoire de la ville.
2. ...... Pyrénées sont de grandes montagnes ; <u>elles</u> séparent la France de l'Espagne et elles s'élèvent à 3 500 m.
3. ......Tamise est très belle et <u>elle</u> fait 346 kilomètres de long.
4. ...... Loire est le plus long fleuve de France ; <u>elle</u> traverse une région avec des châteaux célèbres.
5. ...... Limousin est très vert, <u>il</u> a une végétation riche et variée.
6. ...... Venezuela est un grand producteur de pétrole. <u>Il</u> a des activités industrielles variées.

Une amie
Una amiga

● Habitualmente, se añade una *-e* al sustantivo masculino para transformarlo en femenino (→ *Ficha 6*).
Esta *-e* no se pronuncia:

> *C'est un ami* [ami]. / *C'est une amie* [ami].
> *C'est un professeur* [pRofesœR]. / *C'est une professeure* [pRofesœR].

● Pero, aunque no se pronuncie, esta *-e* muda al final de la palabra puede modificar la pronunciación de la sílaba final (→ *Ficha 6*):

● se pronuncia la consonante final en el femenino:

> *un chat* [ ] / *une chatte* [**t**]
> *le marchand* [ ] / *la marchande* [**d**]

● se pronuncia la consonante final y se modifica la vocal final:

> *le boulanger* [**e**] / *la boulangère* [ε**R**]
> *un lycéen* [ε̃] / *une lycéenne* [**en**]
> *l'écrivain* [ε̃] / *l'écrivaine* [ε**n**]

CASOS PARTICULARES

● Los sustantivos que terminan por *-eur* en masculino: *-euse* en femenino:

> *vendeur* [vãdœR] / *vendeuse* [vãdøz]

● Los sustantivos que terminan por *-teur* en masculino: *-trice* en femenino:

> *acteur* [aktœR] / *actrice* [aktRis]

● Algunos sustantivos (seres humanos, parentescos, animales domésticos…) pueden tener una palabra distinta en masculino y en femenino.

> *un homme / une femme ; un garçon / une fille ; un frère / une sœur ; un oncle / une tante ;*
> *un roi / une reine ; un coq / une poule ; un taureau / une vache*

● Cuando el sustantivo es el mismo en masculino y en femenino, el género se marca mediante el determinante:

> *le / la libraire, un / une artiste, un / une juge, ce / cette concierge, mon / ma fleuriste…*

1 Complete la tabla con los sustantivos masculinos/femeninos correspondientes.

Exemple : directeur .... → **directrice**

Masculin	Féminin	Masculin	Féminin
1.	chanteuse	5.	agricultrice
2. danseur	....	6.	actrice
3. boulanger	....	7. conducteur	....
4.	infirmière	8.	animatrice

2 Escuche y ponga una x en la casilla del nombre femenino. Luego, responda *oui* o *non*.

Exemple : **a.** *informaticien* ☐ **b.** *informaticienne* ☒

1.	a. bergère ☐	b. berger ☐	
2.	a. commerçante ☐	b. commerçant ☐	
3.	a. infirmier ☐	b. infirmière ☐	
4.	a. lycéenne ☐	b. lycéen ☐	
5.	a. marchand ☐	b. marchande ☐	
6.	a. bourgeoise ☐	b. bourgeois ☐	

Les noms masculins avec une terminaison en –r, -d, -t, -en, -s...

	Oui	Non
se prononcent de la même manière au féminin.	☐	☐
au féminin, on entend une consonne de plus.	☐	☐

3 Reemplace los sustantivos subrayados por las formas correspondientes del femenino o masculino, y modifique el resto de la frase, si es necesario.

Exemple : C'est un garçon très calme ? → C'est **une fille très calme.**

1. Aujourd'hui, le roi visite un lycée de notre ville. → ....
2. C'est la femme de ma vie ! → ....
3. Son neveu vit à Abidjan depuis quatre ans. → Sa ....
4. La sœur d'Alice est directrice d'un théâtre. → ....
5. Le petit chat est à ma voisine. → ....
6. Mon oncle de Lille est très affectueux avec nous. → Ma ....

4 Traduzca las frases siguientes al francés.

1. La hija de Javier es actriz. → ....
2. La farmacéutica del pueblo da consejos útiles. *(des conseils)* → ....
3. Marie es bailarina en la Ópera de París. *(à l'Opéra)* → ....
4. Era contable, y ahora es viticultora. *(Il/Elle était)* → ....
5. Los enfermeros tienen un trabajo difícil. → ....
6. Mi colaboradora es muy eficaz. → ....

5 Ponga los nombres de personas en masculino, modificando el resto de la frase si es necesario.

Exemple : L'auteure de ce roman est d'origine russe. → **L'auteur** de ce roman est d'origine russe.

1. La conseillère financière est en vacances. → ....
2. L'avocate demande la libération de son client. → ....
3. La concierge est absente demain. → ....
4. L'animatrice de l'émission du samedi soir change. → ....
5. Il y a une nouvelle coiffeuse dans notre rue. → ....
6. C'est une professeure de philosophie du Lycée Jules Ferry. → ....

Je voudrais une baguette, s'il vous plaît !
¿Me da una barra de pan, por favor?

VOULOIR

- El verbo *vouloir* corresponde globalmente a *querer*. Posee 3 raíces en el presente:

Vouloir [vulwaR]	
En el escrito	**En el oral**
Je **veu**-x	[ʒəvø]
Tu veu-x	[tyvø]
Il / Elle veu-t	[il/ɛlvø]
Nous **voul**-ons	[nuvulɔ̃]
Vous voul-ez	[vuvule]
Ils / Elles **veul**-ent	[il/ɛlvœl]

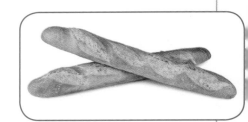

- El participio pasado utiliza la raíz *voul-* (*voul-u* → *Ficha 23*):

  Ils ont voulu rester. **(Quisieron quedarse.)**

- El imperfecto utiliza igualmente la raíz *voul-* (*je voul-ais* → *Ficha 51*):

  Olivier voulait prendre l'avion. **(Olivier quería coger el avión.)**

- El condicional y el futuro (→ *Ficha 43*) utilizan la raíz *voudr-*:

  Je voudrais rentrer. **(Quisiera volver a casa.)**
  Ils voudront tout faire. **(Querrán hacerlo todo.)**

JE VOUDRAIS, TU VOUDRAIS...

- El verbo *vouloir* se utiliza frecuentemente en el condicional presente (*je voudrais...* ver *Les conjugaisons*), para atenuar una petición, un ruego, una orden (que se transforma en sugerencia):

  Vous voudriez bien fermer la fenêtre, s'il vous plaît ? **(¿Puede cerrar la ventana, por favor?)**
  Je voudrais vous parler une minute. **(Quisiera hablar con usted un minuto.)**

Este uso del condicional presente es una marca de cortesía igualmente en español (*me gustaría hablar con Vd.*), si bien su empleo no es tan sistemático.

- El verbo *vouloir* en condicional se conjuga así:

  je voudr-ais   *nous voudr-ions*
  tu voudr-ais   *vous voudr-iez*
  il voudr-ait   *ils voudr-aient*

Las terminaciones del condicional son las mismas para todos los verbos.

1 Escuche y complete el presente de *vouloir*. Luego subraye las formas en *veu-* con el mismo sonido [vø] y rodee con un círculo las formas en *voul-*, con sonido [vul], y responda a la pregunta.

Je veux   Tu ....   Il ....   Nous voulons   Vous ....   Ils ....

Ont le même son : ....

À quelle personne *-eu* a un son ouvert ? ....

2 Forme frases completas uniendo los elementos proporcionados.

Exemple : 1. Ils   *a. veulent tout !* → ***Ils veulent tout !***

1. Vous   a. veux vraiment partir d'ici ?

2. Nous   b. voulez parler à madame Renoir ?

3. Elle   c. voudrions une chambre double.

4. Ils   d. veut changer de travail.

5. Est-ce que tu   e. voudrais un monde meilleur.

6. Je   f. voudraient acheter une maison.

3 Escuche la grabación del ejercicio n° 2 y verifique que sus respuestas son las correctas.

4 Transforme las frases según las indicaciones dadas entre paréntesis.

Exemple : Elle veut rentrer tôt. (je) → ***Je veux rentrer tôt.***

1. Il veut travailler le samedi. (ils) → ....

2. Tu veux répondre à ma question ? (vous) → ....

3. Je veux voir le responsable du marketing demain. (nous) → ....

4. Elles veulent partir un an à l'étranger. (il) → ....

5. Nous voulons connaître la vérité. (je) → ....

6. Vous voulez passer le week-end à la montagne. (tu) → ....

5 Complete con el presente del verbo *vouloir*.

Exemple : Est-ce que vous .... boire quelque chose, monsieur ?
→ *Est-ce que vous **voulez** boire quelque chose, monsieur ?*

1. Tu .... sortir avec tes amis ?

2. Qu'est-ce que vous .... dire ?

3. Nous .... terminer ce travail ce soir.

4. Elle .... voir le directeur.

5. Tu ne .... pas aider ton petit frère ?

6. Vous .... visiter la ville tout de suite ?

6 Dígalo de modo educado, según el ejemplo.

Exemple : On veut une table à côté de la fenêtre. → ***On voudrait une table à côté de la fenêtre.***

1. Je veux une chemise à manches longues, taille 48. → ....

2. On veut deux billets pour le spectacle de samedi. → ....

3. Nous voulons avoir des nouvelles de Christian. → ....

4. Je veux trois timbres pour l'Équateur. → ....

5. Vous voulez déjeuner avec moi ? → ....

6. Nous voulons organiser nos vacances tranquillement. → ....

Un voyage de rêve
Un viaje de ensueño

- Las formas del artículo indeterminado (*article indéfini*) son las siguientes:

	Masculino	Femenino
Singular	un [ɛ̃]	une [yn]
Plural	des [de]	

- El francés dispone de una única forma para el plural *des*, a la diferencia del español (unos, unas).

- El artículo indeterminado francés se corresponde frecuentemente con la ausencia de artículo en español:

  *Nous avons **des** amis.* **(Tenemos amigos.)**

- *Un* y *des* se unen a la palabra siguiente cuando ésta empieza por vocal *(liaison)*:

  C'est un ami [sɛtɛ̃nami]. – *Il a des amis* [iladezami] *à la maison.*

- Se utiliza un artículo indeterminado:

  - para introducir un elemento cualquiera, no mencionado anteriormente:

    Je veux acheter un bon roman pour le week-end.

  - para referirse a un elemento con un sentido genérico:

    Un dictionnaire, c'est toujours utile. **(= un ejemplar cualquiera de la categoría diccionario)**

1 Subraye los artículos indeterminados.

Exemples : J'ai une idée ! → *J'ai **une** idée !*
     La lumière est forte, aujourd'hui ! → ∅

1. Le train est en retard.
2. Tu achètes des fruits, s'il te plaît ?
3. Vous avez une maison ou un appartement ?
4. J'ai des livres pour toi.
5. Le temps change, les nuages arrivent.
6. Il ont un ami allemand, à la maison.

2 Elija el artículo que corresponda (determinado/indeterminado) para completar las frases.

Exemple : *Il a la / une nouvelle chaîne hi-fi.* → *Il a* **une** *nouvelle chaîne hi-fi.*

1. Je dois prendre *le / un* TGV de 17 h 10.
2. Ils ont *les / des* problèmes.
3. On a rendez-vous avec *une / la* nouvelle directrice de notre agence.
4. C'est *la / une* carte postale d'Istanbul.
5. Vous avez *un / le* stylo, s'il vous plaît ?
6. S'il vous plaît, vous avez *des / les* timbres pour le Chili ?

3 Una ambas partes para formar frases.

Exemple : *I. J'ai*   *a. un rendez-vous dans l'après-midi.* → *J'ai un rendez-vous dans l'après-midi.*

1. Tu achètes   a. une belle maison, vous savez ?
2. Où sont   b. le pain ?
3. Vous avez   c. un film à la télé.
4. Il y a   d. un très bon prof de maths.
5. Alexis a   e. un pantalon blanc.
6. Madame, je voudrais f. les clés de la voiture ?

4 Escuche las frases del ejercicio 3 y verifique la corrección del mismo. Luego, indique el sonido que oye, [ɛ̃], como en *brun*, y [ɔ̃], como en *bon*. Escriba las palabras y subraye las letras correspondientes.

1. [ɛ̃] p<u>ain</u>   **4.** ....
2. .... **5.** ....
3. .... **6.** ....

5 Complete con el artículo determinado o indeterminado, según el sentido.

Exemple : *Nous avons ...... bonne nouvelle pour vous.* → *Nous avons* **une** *bonne nouvelle pour vous.*

1. Nicolas a ...... ami à San José.
2. Tu mets ...... réveil à sept heures, s'il te plaît ?
3. Ils ont ...... entreprise de construction à Lyon.
4. ...... grosses voitures consomment beaucoup.
5. ...... vélo est de plus en plus utilisé dans les grandes villes.
6. ...... dame veut vous voir, monsieur.

6 Ponga las palabras en cursiva en plural o en singular, modificando el resto de la frase si es necesario.

Exemples : *Je voudrais des chemises en coton.* → *Je voudrais* **une chemise en coton.**
         Nous avons un voisin sympathique. → ***Nous avons des voisins sympathiques.***

1. Il y a *des messages* pour toi. → ....
2. *Des musiciens* jouent l'hymne national. → ....
3. Il y a *des oiseaux* sur le toit. Tu entends ? → ....
4. Tu veux *un chocolat* ? → ....
5. On envoie *une lettre* à tous les candidats. → ....
6. *Des parapluies* sont à la disposition de notre aimable clientèle. → ....

On fait une fête ?

¿Hacemos una fiesta?

● Al igual que *avoir* y *être*, el verbo *faire* es muy irregular. Pero es un verbo muy empleado, como el verbo hacer en español.

Faire [fɛR]	
En el escrito	**En el oral**
Je fai-s	[ʒəfɛ]
Tu fai-s	[tyfɛ]
Il / Elle fai-t	[il/ɛlfɛ]
Nous fais-ons	[nufəzɔ̃]
Vous fait-es	[vufɛt]
Ils / Elles f-ont	[il/ɛlfɔ̃]

● En el presente de indicativo, el verbo *faire* posee 5 formas en el escrito y 4 formas en el oral. La persona 5 tiene una terminación especial: *-es*, que encontraremos también únicamente en otro verbo, el verbo *dire* (*vous dites*).

● El participio pasado es *fait*:

　　Ils ont fait vite. (**Lo hicieron con rapidez.**)

● El imperativo es *fais, faites*:

　　Fais tes devoirs maintenant ! (**¡Haz tus deberes ahora mismo!**)
　　Faites attention à la route. (**Tenga cuidado con la carretera.**)

● El imperfecto utiliza la raíz *fais-* (→ *Ficha 51*):

　　Jonathan faisait du sport le dimanche. (**Jonathan hacía deporte los domingos.**)

● El futuro (→ *Ficha 43*) y el condicional utilizan la raíz *fer-*:

　　Il fera mauvais demain. Tu ferais bien d'attendre. (**Hará mal tiempo mañana. Lo mejor es que esperes.**)

● El verbo *faire* está en el centro de numerosas locuciones como:

faire attention à…	(tener cuidado con…)
faire exprès de…	(hacer adrede, hacer a propósito…)
faire partie de…	(formar parte de…)
faire peur	(dar miedo)
faire semblant de…	(hacer como si, querer parecer…)

1 Escuche el presente de *faire* y reúna con una flecha las formas propuestas con su transcripción fonética.

1. Je fais
2. Tu fais
3. Il fait
4. Nous faisons
5. Vous faites
6. Ils font

a. [fəzɔ̃]
b. [fɛt]
c. [fɔ̃]
d. [fɛ]

2 ¿Cómo se dice en español? Complete los puntos suspensivos con las expresiones correspondientes.

Exemple : *Faire du 36 (38, 45…) = avoir la pointure 36* → **Tener (el pie) la talla 36, ser de la talla 36.**

1. Faire semblant de = donner l'impression de → ....
2. Faire connaissance avec quelqu'un = rencontrer quelqu'un pour la première fois → ....
3. Faire vieux/jeune = avoir l'air vieux/jeune → ....
4. Faire un article (dans une boutique) = avoir/vendre un article (par exemple : *Désolé, nous ne faisons pas cette marque.*) → ....
5. Faire du 40 (44, 50…) = avoir la taille 40 → ....
6. Faire le ménage = nettoyer la maison → ....

3 Subraye las formas del verbo *faire*.

Exemple : *Combien* **faites-vous**, *madame, du 37 ?*

1. Qu'est-ce que tu fais dimanche ?
2. Vanessa fait des mathématiques à la fac.
3. Tom doit faire beaucoup de choses aujourd'hui.
4. Nous faisons les courses ou nous allons en ville ?
5. Je fais du 50 ou du 52 ; ça dépend.
6. Arrêtez ! Vous faites beaucoup de bruit.

4 Una ambas partes para formar frases.

Exemple : *1. Vous faites   a. des histoires, comme toujours !* → **Vous faites des histoires, comme toujours !**

1. Antonio et Jérôme
2. Nous
3. Vous
4. Marina
5. Tu
6. Je

a. faisons du footing, le dimanche matin.
b. faites du français à l'école ?
c. fais mes devoirs tout seul, moi !
d. fais un gâteau ce soir ?
e. fait de la natation, tous les jours.
f. font connaissance.

5 Ponga los verbos en la persona indicada.

Exemple : *Elle fait semblant d'être en colère ! (elles)* → **Elles font semblant d'être en colère.**

1. Tu fais peur aux enfants. Pourquoi ? (vous) → ....
2. Vous faites attention à la circulation. D'accord ? (tu) → ....
3. Anne-Sophie fait du 42. (elles) → ....
4. Je fais du sport pendant le week-end. (nous) → ....
5. Il fait partie d'une association sportive. (ils) → ....
6. Nous ne faisons plus cet article, désolé. (je) → ....

Est-ce que tu comprends ?
¿Entiendes?

- Con la frase interrogativa, se pide una información. Si la interrogación afecta a la frase en su conjunto, se habla de "interrogación global o total" y requiere una respuesta con *oui* o *non*:

  — *Est-ce que Paul vient ? — Oui, (il vient) / Non, (il ne vient pas).*

  Para frases con interrogativos: (→ *Fichas 18, 26, 27, 28 y 29*).

- En la comunicación corriente, tanto en el oral como en el escrito, la interrogación se introduce habitualmente con la expresión *est-ce que*, que se coloca antes del sujeto. En este caso, en la lengua oral, la entonación es neutra, pero a veces, es igualmente ascendente:

  Est-ce que *vous êtes d'accord ? Oui / Non* (¿Está usted de acuerdo? Si/No)

- En el francés oral cotidiano, es suficiente la entonación ascendente de la frase:

  Tu pleures ? Pourquoi ?

- También puede invertirse el pronombre sujeto, en un modo de comunicación más cuidado (→ *Fichas 26 y 55*):

  Voulez-vous *boire quelque chose ?*

  En los intercambios orales familiares, la construcción con inversión del pronombre sujeto es más rara.

- En el escrito, el francés pone un signo de interrogación [?] <u>solo</u> al final de la frase.

 Escuche y marque las frases interrogativas con un signo de interrogación (?).

1. Tu es en vacances …
2. L'école finit vers le trente juin …
3. Tu vas aux sports d'hiver, en février …
4. Madame Gamal, vous voulez bien vous occuper de mon chat, ce week-end …
5. Je peux t'aider, si tu veux …
6. Tu travailles au Crédit Lyonnais …

2 Transforme las frases interrogativas marcadas por la entonación ascendente con ayuda de *est-ce que* y vice versa.

Exemple : *Tu vas à un cours de danse ?* → **Est-ce que tu vas à un cours de danse ?**

1. Vous étudiez la biologie ? → ....

2. Est-ce que tu habites encore Beyrouth ? → ....

3. Ils parlent l'espagnol sans accent ? → ....

4. Est-ce que le film commence à huit heures et demie ? → ....

5. Est-ce que ta mère est toujours dans l'informatique ? → ....

6. J'achète une brioche ou deux ? → ....

3 Escuche la grabación del ejercicio 2 y repita las frases en voz alta, con la entonación adecuada.

4 Forme frases interrogativas con *est-ce que* y el presente, a partir de los elementos proporcionados.

Exemple : *tu / avoir / des amis* → **Est-ce que tu as des amis ?**

1. vous / être / chilien → ....

2. elle / aimer / la science-fiction → ....

3. Frédéric / arriver / demain → ....

4. tu / avoir cours / le samedi → ....

5. nos invités / apporter / le dessert → ....

6. vous / rester longtemps / à Nice → ....

5 A partir de las respuestas siguientes, componga preguntas con la entonación ascendente o bien con *est-ce que*.

Exemple : *Oui, nous habitons Bordeaux.*

→ **Est-ce que vous habitez Bordeaux ? / Vous habitez Bordeaux ?**

1. Non, je n'ai pas de voiture. → ....

2. La télé ? Oui, nous regardons *France 2* et *Arte*. → ....

3. Ah oui, Fabienne, j'aime la cuisine mexicaine ! → ....

4. Non, il ne fait pas beau à Lausanne, il pleut. → ....

5. Non, mon frère n'est pas journaliste ; il est photographe. → ....

6. Oui, mon cher, je quitte Montpellier ; c'est décidé ! → ....

6 Escriba el sonido que corresponde a las palabras en negrita: [ə], como en *que*, y [ɛ], como en *est*.

Exemple : **Est**-ce **que** tu vas bien ?   [ɛ] / [ə]

1. **Le** courrier **est** arrivé ? → ....

2. **Est**-ce qu'**elle** part demain ? → ....

3. **Est**-ce **que** tu trouves ça juste ? → ....

4. **Elles** sont au lycée ? → ....

5. **Le** match commence bientôt ? → ....

6. **Est**-ce **que** je peux dire quelque chose ? → ....

Moi, je t'entends bien et toi ?
¿Yo sí que te oigo bien y tú?

● En francés, el pronombre personal sujeto es obligatorio (→ *Ficha 1*). Cuando se necesita resaltarlo (precisar, insistir, rectificar, oponer...), se repite el pronombre, utilizando su forma tónica:

	1	2	3 masculino	3 femenino	4	5	6 masculino	6 femenino
tónico	moi	toi	lui	elle	nous	vous	eux	elles
átono	je	tu	il	elle	nous	vous	ils	elles

> — ***Moi**, je reste ici et **toi**, **tu** fais comme tu veux.* (Yo me quedo aquí y tú haces lo que quieras.)

● Tanto en francés como en español, se utilizan los pronombres tónicos cuando se interpela a alguien:

> — *Et toi, qu'est-ce que tu vas faire ?* (¿Y tú, qué vas a hacer?)

● Las formas *moi, toi...* llevan el acento tónico y están separadas por una breve pausa en el oral, que se marca en el escrito con una coma:

> *Mais non !* **Moi**, *j'habite 4, rue du Sénégal maintenant !*

● Se utilizan los pronombres tónicos (*moi, toi, lui...*):

> ● con *c'est* y *il y a* (→ *Ficha 59*):
> > *Rebonjour ! C'est encore moi !*
> > *Il y a Martin, Constance et moi.*

> ● detrás de las preposiciones *à, de, pour, avec...* (→ *Ficha 40*):
> > *C'est à moi, j'ai besoin de toi, c'est pour lui, il est avec eux...* (Es mío, te necesito, es para él, está con ellos...)

1 Añada los pronombres *je, tu...*, según el sentido de las frases.

Exemple : Moi, ... attends depuis une heure, madame ! → Moi, *j'attends depuis une heure, madame !*

1. Et toi, ... es toujours à Marseille ?
2. Nous faisons souvent du ski. Et vous, ... aimez les sports d'hiver ?
3. Elle, tu sais, ... est propriétaire de trois appartements !
4. Moi, ... reste ici.
5. Et nous, ... téléphonons à Christelle.
6. Lui, ... fait un travail interessant !

2 Complete con los pronombres *moi..., toi..., lui...*, etc., según convenga.

Exemple : ......, il va au cinéma, mais ......, elle préfère la télé.
→ **Lui,** il va au cinéma, mais **elle,** elle préfère la télé.

1. ......, je prends un café. Et ......, qu'est-ce que vous prenez ?
2. Tu connais la nouvelle copine de Jérôme Gagnon ? Il est très sympa, mais ......, elle n'est vraiment pas agréable !
3. Demain, c'est l'anniversaire de Raoul. Tu sais, ..., il aime beaucoup les montres.
4. ......, j'apporte des chocolats, et ......, tu apportes des fleurs, d'accord ?
5. Et ......, comment allez-vous ?
6. ......, nous entrons dans la boutique et ......, vous restez devant la porte avec le chien.

3 Reemplace los dos pronombres (átono, tónico) y concuerde el verbo según las indicaciones.

Exemple : Tu sais, **il a** des problèmes, **lui.** (je) → Tu sais, **j'ai** des problèmes, **moi.**

1. Elle, elle va souvent à l'étranger. (il) → ....
2. Toi, tu parles quelles langues ? (vous) → ....
3. Lui, il prend le train tous les jours. (je) → ....
4. Moi, je ne supporte pas la chaleur. (ils) → ....
5. Et vous, vous faites quoi, demain ? (tu) → ....
6. Lui, il a toujours le dernier mot ! (elle) → ....

4 Precise, insista, rectifique, oponga... por medio de dos pronombres.

Exemple : Comment ......, ... pouvez penser ça ! → Comment **vous, vous** pouvez penser ça !

1. ......, ... suis Martine. ......, ... s'appelle Markus ; il ne parle pas français.
2. ......, ... faisons le ménage, et ......, ... vous occupez des courses.
3. ......, ... est gentille, au moins !
4. ......, ... mangeons des fruits tous les matins.
5. ......, ... arrives juste quand ......, ... partons.
6. Et ......, ... cherchez un appartement près d'ici ?

5 Escuche la grabación y verifique la corrección del ejercicio anterior. Luego, repita las contestaciones en voz alta.

Tu peux le faire !

¡Puedes hacerlo!

● *Pouvoir* sirve para:

- ● expresar la capacidad física o intelectual: *Elle peut chanter la Flûte enchantée de Mozart.*

- ● pedir o dar permiso para hacer algo: *– Est-ce que je peux sortir une minute ? – Oui, vous pouvez.*

- ● expresar la probabilidad: *Ça peut arriver, pourquoi pas.* **(Puede ocurrir, ¿por qué no?)**

● *Pouvoir* tiene 3 raíces en el presente (5 formas en el escrito y 4 en el oral):

Pouvoir [puvwaR]	
En el escrito	**En el oral**
Je **peu**-x	[ʒəpø]
Tu peu-x	[typø]
Il / Elle peu-t	[il/ɛlpø]
Nous **pouv**-ons	[nupuvɔ̃]
Vous pouv-ez	[vupuve]
Ils / Elles **peuv**-ent	[il/ɛlpœv]

● El participio pasado es *pu*: *Il n'a pas pu venir.*

● El imperfecto utiliza la raíz *pouv-* (*je pouv-ais, nous pouv-ions* → Ficha 51):

> *Je pouvais gagner, mais…*

● El futuro y el condicional utilizan la raíz *pourr-* (*je pourr-ai, nous pourr-ons* → Ficha 43 y *je pourr-ais, nous pourrions* → Ficha 10):

> *Ils pourront revenir bientôt.*
> *Tu pourrais faire plus attention !*

● *Pouvoir* se utiliza en el condicional (*tu pourrais, vous pourriez… ?*) muy a menudo para atenuar una petición de información o pedir a otra persona que haga algo (→ Ficha 10):

> *Excusez-moi, monsieur. Pourriez-vous me dire où je peux trouver un arrêt de bus ?*
> **(Perdone, señor. ¿Me puede decir donde hay una parada de autobús?)**
> *Tu pourrais mettre ton vélo plus loin ?* **(¿Podrías poner tu bicicleta más lejos?)**

1 Observe las palabras en cursiva y ponga una cruz en la casilla correspondiente al sonido [ø], como en *deux*, o [œ] como en *heure*.

Exemple : *Je peux entrer ?* [ø]

	[ø] [œ]		[ø] [œ]
1. Quelle *heure* il est ?	☐ ☐	**4.** Le ciel est *bleu* !	☐ ☐
2. C'est une jolie *fleur*.	☐ ☐	**5.** C'est un *jeune* garçon de 15 ans.	☐ ☐
3. S'il vous plaît, *monsieur* !	☐ ☐	**6.** Lorenzo a toujours *peur* de tout.	☐ ☐

2 Escuche y ponga una cruz en la casilla correspondiente al sonido [ø], como en *deux*, o [œ] como en *heure*, según la forma del verbo *pouvoir*.

Conversation entre Noah et sa mère.

	[ø]	[œ]
– Maman, est-ce que je p**eu**x sortir ?	☒	☐
– Oui, mais avant tu vas chercher du pain.	☐	☐
– Ah, non ! Je n'ai pas envie ! Les enfants ne peuvent jamais faire ce qu'ils veulent !	☐	☐
– Tu exagères ! Tu peux faire ça !	☐	☐
– Bon, bon, j'y vais. Tu veux que j'achète autre chose ?	☐	☐

3 Complete con la forma adecuada de *pouvoir,* en el presente.

Exemple : Pour aller à Nantes, vous .... prendre le train ou l'avion.
→ *Pour aller à Nantes, vous* **pouvez** *prendre le train ou l'avion.*

1. Tu .... faire les courses, aujourd'hui ?

2. Pardon. Je .... entrer ?

3. On .... être là à neuf heures, d'accord ?

4. Est-ce que nous .... voir le docteur Carpentier, s'il vous plaît ?

5. Vous .... m'aider à ouvrir cette porte ?

6. Les visiteurs .... voir tout le château mais pas le parc.

4 De consejos, haga propuestas con *pouvoir,* en el condicional.

Exemple : Vous / faire des voyages. → ***Vous pourriez faire des voyages.***

1. tu / aller au cinéma de temps en temps → ....

2. vous / rester un peu → ....

3. on / sortir samedi soir → ....

4. nous / faire un voyage avec Frank et Sabrina → ....

5. vous / prendre des vacances maintenant → ....

6. ce soir / on / passer voir Tom → ....

5 Traduzca las frases siguientes al francés.

1. ¿Puedo decirte algo? (algo = *quelque chose, un mot*) → ....
....

2. ¿Podrías hablar menos alto? (hablar alto = *parler fort*) → ....
....

3. Chantal puede ir a buscar el catálogo en la agencia. (ir a buscar = *aller chercher,*
en la agencia = *à l'agence*) → ....
....

4. El sábado, podríamos ir al museo de Arte moderno. → ....
....

5. ¡Podrían tener más cuidado! (tener más cuidado = *être plus attentif*) → ....
....

6. ¿Puede usted volver más tarde? (volver = *revenir*) → ....
....

Vous finissez à quelle heure ?
¿A qué hora termina usted?

PRÉSENT

• Algunos verbos, como *finir* y *écrire,* tienen dos raíces : *fini-/finiss-* y *écri-/écriv-.* Las raíces *fini-* y *écri-* se corresponden con las terminaciones *-s, -s, -t* de las personas 1, 2 y 3, mientras que las raíces *finiss-* y *écriv-* corresponden con *-ons, -ez, -ent* de las personas 4, 5, y 6.

Finir [finiR]		Écrire [ekRiR]	
Je finis		J'écris	
Tu finis	raíz [*fini-*]	Tu écris	raíz [*écri-*]
Il / Elle / On finit		Il / Elle / On écrit	
Nous finissons		Nous écrivons	
Vous finissez	raíz [*finiss-*]	Vous écrivez	raíz [*écriv-*]
Ils / Elles finissent		Ils / Elles écrivent	

AUTRES TEMPS

• El participio pasado es *fini*:

> *J'ai fini mes devoirs. Je peux aller jouer ?*

• El imperativo es *finis, finissez*:

> *Finis ta viande !*

• El imperfecto utiliza la *raíz finiss-* (→ Ficha 51):

> *Je finissais toujours tard.*

• El futuro (→ Ficha 43) y el condicional utilizan la *raíz finir-*:

> *Nous finirons ça demain.*

• El participio pasado es *écrit*:

> *Il m'a écrit une carte postale de Varadero.*

• El imperativo es *écris, écrivez*:

> *Écrivez votre nom, s'il vous plaît.*

• El imperfecto utiliza la raíz *écriv-* (→ Ficha 51):

> *Elle écrivait souvent.*

• El futuro (→ Ficha 43) y el condicional utilizan la raíz *écrir-*:

> *J'écrirai une lettre à Max.*

• Los verbos que siguen el modelo de *finir* son, por ejemplo, *choisir* (*choisi- /choisiss-*), *réussir* (*réussi- / réussiss-*), *unir* (*uni- / uniss-*)..., y el modelo de *écrire*: *décrire* (*décri- / décriv-*), *inscrire* (*inscri- / inscriv-*)...

1 Escuche el presente de *choisir* y de *décrire* y escriba las formas que poseen el mismo sonido.

Choisir : ....

Décrire : ....

2 Elija la forma adecuada.

Exemple : Vous finis / finissez / finissent cet exercice, immédiatement.
→ *Vous **finissez** cet exercice, immédiatement.*

1. Je *choisissez / choisissons / choisis* le plat du jour.

2. Elles *finissent / finis / finit* tard, le soir.

3. Il *décris / décrivent / décrit* le voleur aux policiers.

4. Tu *inscrivent / inscrivez / inscris* ta fille au cours de danse, cette année ?

5. Elle *réunis / réunit / réunissons* tous ses amis pour sa fête.

6. Nous *écrivons / écrit / écrivent* une lettre au directeur.

3 Complete los verbos con la forma de presente de indicativo.

Exemple : Ce guide décr...... bien les paysages de la région.
→ *Ce guide **décrit** bien les paysages de la région.*

1. Vous écr...... votre nom et votre adresse, là, s'il vous plaît.

2. Monsieur, s'il vous plaît, comment on écr...... *oxygène,* avec un *i* grec *(y)* ?

3. Il fin...... les cours en juin.

4. J'écr...... une lettre au directeur du collège de mon fils.

5. Alors, qu'est-ce que vous choi......, le restaurant chinois ou le restaurant italien ?

6. Quand on part en vacances, nous écr...... toujours des cartes postales aux amis.

4 Ponga el verbo en la persona indicada.

Exemple : Chloé et Étienne réussissent toujours leurs examens. (Chloé).
→ ***Chloé réussit** toujours ses examens.*

1. À qui tu écris ? (vous) → ....

2. Quand est-ce que vous finissez la formation chez *Microweb* ? (tu) → ....

3. Ils choisissent la meilleure solution. (Max) → ....

4. Nous écrivons le français et l'allemand. (Charlotte et Monica) → ....

5. Vous choisissez toujours le dessert au chocolat. (nous) → ....

6. Vous finissez à quelle heure ? (tu) → ....

5 Ponga el verbo indicado en presente.

Exemple : Les vacances .... vite ! (finir) → *Les vacances **finissent** vite !*

1. Je .... ce travail et j'arrive ! (finir)

2. Comment tu .... *Bordeaux,* avec un *x* à la fin ? (écrire)

3. Vous .... quelle couleur, madame ? (choisir)

4. Il .... tout, lui ! (réussir)

5. Ces articles .... bien la situation. (décrire)

6. Une belle amitié .... ces deux jeunes. (unir)

J'ai sommeil
Tengo sueño

● El verbo *avoir* se utiliza en los tiempos compuestos (*j'ai mangé*), pero sirve también para formar "locuciones", al igual que los verbos haber y tener en español. Una locución es un grupo de palabras que no se puede modificar y que se utiliza en bloque, como un todo: se dice *prendre une douche* (ducharse) y no ~~faire une douche~~.

● Véanse algunas locuciones con el verbo *avoir*:

  ● *avoir faim / soif / froid / chaud / sommeil / peur...* = tener hambre/sed/frío/calor/sueño/miedo...:
    Tu as chaud ? On ouvre la fenêtre.

  ● *avoir 10... 50 ans* = tener 10... 50 años:
    J'ai 35 ans cette année. **(Cumplo 35 años...)**

  ● *avoir raison* = tener razón:
    C'est vrai, tu as raison.

  ● *avoir envie de* = tener ganas de / apetecer:
    On a envie de dormir maintenant.

  ● *avoir besoin de* (puede ir seguida de un sustantivo o de un infinitivo) = necesitar:
    Tu as besoin d'argent ? **(¿Necesitas dinero?)**

● Con *avoir* se forma una locución muy usada, *il y a* (hay):
    Il y a du soleil aujourd'hui.

● Algunas locuciones con *avoir* no poseen una correspondencia idéntica con el español, como las siguientes:

  ● *avoir tort* = no tener razón:
    Tu as tort.

  ● *avoir mal à* (la tête...) = dolerle a uno algo:
    Elle a mal à la tête.

1 Subraye las locuciones con *avoir* + sustantivo, como *avoir faim*.
  Exemple : *J'ai sommeil, je suis fatigué !* → **J'ai sommeil**, *je suis fatigué !*

  1. Jules a peur pour son examen.
  2. Elle a un travail intéressant.
  3. Ils ont envie de quitter Lyon et d'aller dans le Sud-Ouest.
  4. Madame, où est-ce que vous avez mal ?
  5. Nous avons une réunion importante, cet après-midi.
  6. Tu as toujours raison et moi, j'ai tort, c'est ça ?

2 Transforme las frases según las indicaciones.

Exemple : Est-ce que vous avez faim ? *(tu)* → Est-ce que vous **tu as faim ?**

1. *Tu as droit* à un troisième litre gratuit. (vous) → ....

2. *Nous avons soif.* Est-ce qu'il y a de l'eau fraîche ? (je) → ....

3. *Vous avez peur* avec les films d'horreur ? (tu) → ....

4. En hiver, *il a* souvent *mal* à la gorge. (elle) → ....

5. *Vous avez froid*, c'est normal : le chauffage ne marche pas ! (nous) → ....

6. *J'ai envie* de faire le tour du monde à vélo ! (ils) → ....

3 Elija la locución adecuada para las frases siguientes: *avoir sommeil / peur / mal / froid / chaud / envie / besoin...*

Exemple : S'il fait – 10° C, nous .... → S'il fait – 10° C, nous **avons froid.**

1. Nous sommes indécis ; nous .... de réfléchir.

2. Monsieur Lafont a la grippe ; il .... partout.

3. Quand la température monte à 35/40° C, les gens ....

4. Bébé pleure toute la nuit ; ses parents ....

5. Liou n'aime pas l'obscurité : elle .... de la nuit.

6. Si tu es fatigué, tu .... de te reposer.

4 Lea esta conversación entre Emma y Théo.

Emma : Mais qu'est-ce que tu as ? Ça ne va pas ?

Théo : Je ne suis pas bien, j'ai de la fièvre.

Emma : Prends de l'aspirine. Ce n'est rien.

Théo : Oui, mais je dois terminer mon projet pour demain.

Emma : Le travail, le travail ! Reste un peu tranquille !

5 Reemplace dos contestaciones de la conversación del ejercicio n° 4 por las siguientes. Luego escuche la nueva conversación y verifique que su ejercicio es correcto.

Ton projet peut attendre ! Va dormir, c'est mieux.

J'ai chaud. Nous avons un thermomètre ?

Emma : ....

Théo : ....

Emma : ....

Théo : ....

Emma : ....

6 Traduzca la conversación del ejercicio n° 5 al español.

Emma : ....

Théo : ....

Emma : ....

Théo : ....

Emma : ....

– Pourquoi ? – Mais, parce que… !

–¿Por qué? –Pues porque…

- Para interrogar por la causa de algo o por las razones por las que se efectúa la acción del verbo…, se utiliza el adverbio interrogativo: *pourquoi ?* (¿por qué?). Se contesta por *parce que* (porque):

  – *Pourquoi tu arrives en retard ? – Parce que la circulation est bloquée.*

- *Pourquoi* puede construirse con la expresión *est-ce que* o con la inversión (verbo/sujeto), en función del registro de lengua:

  Pourquoi est-ce que tu pleures ? **(registro corriente)**

  Pourquoi tu pleures ? **(registro familiar)**

  Pourquoi pleures-tu ? **(registro formal)**

  Respuesta:

  Parce que je suis triste **o bien:** *Je suis triste.*

⚠️ *Parce que* se transforma en *parce qu'* delante de una vocal (o *h*):

  Je rentre parce qu'il est tard !

 Complete los intercambios siguientes.

Exemple : – .... *Maïa parle toujours de son nouveau travail ? – Parce que c'est un travail intéressant.* → **Pourquoi** *Maïa parle toujours de son nouveau travail ?*

1. – Tu vas à la Poste, pourquoi ?

   – .... je dois retirer un paquet.

2. – .... vous achetez une nouvelle voiture ?

   – Parce que la vieille ne marche pas très bien.

3. – Pourquoi tu insistes comme ça ?

   – .... c'est un important.

4. – .... tu chantes ?

   – Parce qu'il fait beau !

5. – Pourquoi tu me parles sur ce ton ?

   – .... je suis très en colère !

6. – .... vous restez à la maison ?

   – .... nous avons un rendez-vous téléphonique.

2 Conteste.

1. ¿Qué palabra se utiliza para pedir una explicación a alguien? ....

2. ¿Y qué palabra se utiliza para introducir una explicación o indicar la causa? ....

3 Traduzca las frases siguientes al francés.

1. ¿Por qué gritas? (*crier*) → ....

2. Internet funciona mal porque hay problemas con la red (*des problèmes de réseau*). → ....

3. Inès sale porque quiere hacer compras. (*sortir/elle sort, devoir/elle doit, faire des courses*) → ....

4. ¿Por qué el autobús llega tarde? (*être en retard*) → ....

5. Volvemos a casa más tarde porque tenemos una cita. (*rentrer, plus tard, avoir un rendez-vous*) → ....

6. ¿Por qué están los niños siempre delante de la tele? (*être devant la télé*) → ....

4 Asocie la pregunta con la respuesta.

Exemple : – *I. Pourquoi tu es préoccupé ?*   *a.* – *Parce que j'ai des problèmes au travail.*

     → – **Pourquoi tu es préoccupé ? – Parce que j'ai des problèmes au travail.**

1. – Est-ce que vous savez où est la rue d'Arles, s'il vous plaît ?

a. – Parce que la vie est belle !

2. – Pourquoi tu es en retard ?

b. – C'est le frère du marié.

3. – Est-ce que vous préférez la mer à la montagne ?

c. – Oui, des romans policiers.

4. – Est-ce que vous lisez pendant les vacances ?

d. – Parce que ma voiture ne marche pas.

5. – Est-ce que tu connais ce jeune homme en smoking blanc ?

e. – C'est la deuxième à droite.

6. – Pourquoi tu es si content ?

f. – Non, pas du tout. J'aime beaucoup la montagne !

5 Escuche la grabación del ejercicio nº 4 y verifique la corrección de su ejercicio.

6 Forme una única frase con la palabra que introduce una explicación o una causa.

Exemple : Je me lève tôt demain ; j'ai du travail.
     → **Je me lève tôt demain parce que j'ai du travail.**

1. Je ne reste pas ; je suis fatigué. → ....

2. Lucas a appelé ; il a quelque chose à te dire. → ....

3. Nous allons en Savoie, l'été ; il ne fait pas chaud là-bas. → ....

4. Vous insistez ; vous voulez avoir toujours raison. → ....

5. Tu as mal à la tête ; tu n'as pas dormi. → ....

6. Il n'y a personne dans la rue ; il est tard. → ....

C'est mon tonton !
¡Es mi tío!

● Los adjetivos posesivos poseen las formas siguientes:

	Masculino	Femenino	Plural
1	mon	ma	mes
2	ton	ta	tes
3	son	sa	ses
4	notre		nos
5	votre		vos
6	leur		leurs

● Pueden indicar la posesión o la pertenencia, o bien simplemente una relación:

C'est mon parapluie ! **(pertenencia)**

Quand est-ce qu'il part, ton train, Patrick ? **(relación entre Patrick y el tren)**

● *Ma, ta* y *sa* se cambian en *mon, ton, son* delante de una palabra que comienza por vocal o *h* muda:

~~*Ma amie Joëlle.*~~ → *Mon amie Joëlle.*

● No se distingue entre el masculino plural y el femenino plural: *mes, tes, ses, leurs, nos, vos* (mis, tus, sus, nuestros, nuestras, vuestros, vuestras):

Nos voisins / Nos voisines sont d'Amérique du Sud, d'Uruguay, je crois.

 La forma española "su-sus" puede corresponder a:

su		sus	
son, sa (= de él, de ella): *Christine part demain. Son avion est à 8 heures.*		**ses** (= de él, de ella): *Raphaël a fait ses études à Montpellier.*	
votre (= de usted): *Monsieur, montrez-moi votre passeport, s'il vous plaît.*		**vos** (= de usted): *Monsieur, vos amis ont laissé un mot pour vous.*	
votre (= de ustedes): *Où se trouve votre bureau, messieurs ?*		**vos** (= de ustedes): *Chers clients, cochez sur cette feuille vos préférences alimentaires.*	
leur (= de ellos) *Tom et Diane vivent en banlieue ; leur maison a un grand jardin.*		**leurs** (= de ellos): *Les alpinistes ont planté leurs tentes à 3 500 m.*	

● La proximidad fonética entre *notre/nuestro* y *votre/vuestro* comporta que a veces se cometan errores en el plural: ~~*Notres*~~ *amies* en vez de **nos** *amies.*

● Otra forma par expresar la posesión (→ *Ficha 20*).

1 Ponga las frases de este texto en el orden adecuado ; luego, subraye los adjetivos posesivos.

Les transformations de nos sociétés ont suivi des rythmes différents, pendant des millénaires. → **1**

À ces questions, nous devons tous donner une réponse, maintenant. → ......

Notre époque se caractérise par des progrès scientifiques et technologiques nombreux et rapides. → ......

Certaines civilisations n'existent plus. → **2**

En même temps, nos ressources diminuent ou sont contaminées : → ......

est-ce que notre eau sera de plus en plus polluée ? Et l'air que nous respirons ? Et le sol d'où viennent beaucoup de nos richesses ? → ......

2 Escuche y verifique si ha puesto en el orden adecuado las frases del texto precedente ; luego, léalo en voz alta, como si estuviera hablando en público.

3 Ponga las palabras en cursiva en singular o en plural, y efectúe las transformaciones necesarias en las frases.

Exemples : Ses critiques *sont injustifiées !* → **Sa critique est injustifiée.**

Ton copain *attend une réponse.* → **Tes copains attendent une réponse.**

1. *Mon collègue* habite en banlieue. → ....

2. *Votre photo* est très belle ! → ....

3. *Leurs fils* sont en vacances ? → ....

4. *Mes amies mexicaines* habitent San Cristobal de las Casas. → ....

5. *Tes opinions* m'intéressent. → ....

6. *Son texte* sur les mutations génétiques est très clair. → ....

4 Traduzca las frases siguientes al francés.

1. La tecnología moderna ha cambiado nuestras vidas. (ha cambiado = *a changé*) → ....

2. Sus críticas son justificadas, pero difíciles de aceptar, señores. (*difficile à*) → ....

3. ¿Cuáles son tus intenciones, ahora? → ....

4. Su paquete está aquí, Sr. Vial. → ....

5. No encuentro mi tarjeta de crédito. ¿Puedo pagar con un cheque? (tarjeta de crédito = *carte de crédit,* con un cheque = *par chèque*) → ....

6. Nuestro servicio post-venta abre de lunes a viernes (post-venta = *après-vente*, abre = *est ouvert*) → ....

5 Complete con el adjetivo posesivo, según las indicaciones.

Exemple : Tu as vu .... montre ? (à moi) → Tu as vu **ma** montre ?

1. Je ne peux pas réparer .... téléviseur, madame. (à vous)

2. .... entreprise délocalise en Chine. (à lui)

3. .... anniversaire de mariage est dans trois jours. (à nous)

4. .... excuses ne sont pas sincères. (à toi)

5. .... idée est juste, je crois. (à moi)

6. .... exercices ne sont pas bons. (à vous)

Cette année-là...

Aquel año...

* El francés, como el español, utiliza adjetivos demostrativos para:

    * localizar algo en el tiempo o en el espacio:

        Cette année, la récolte de céréales est insuffisante. — Il va construire sa maison sur ce terrain.

    * señalar algo que está a la vista:

        Cet autobus, il va jusqu'au port.

    * referirse a un nombre ya utilizado en el discurso:

        Mon sac est très pratique. Ce sac est un cadeau d'anniversaire.

* Las formas del adjetivo demostrativo son las siguientes:

	Masculino	Femenino
Singular	ce, cet	cette
Plural	ces	

    * No se distingue entre el masculino plural y el femenino plural:

        ***Ces filles / Ces garçons** jouent dans une équipe de volley-ball.*

    * Delante de una palabra que empieza por vocal o *h* muda, *ce* se convierte en *cet*:

        ***cet** arbre, **cet** ouvrier, **cet** hectare...*

     Los adjetivos demostrativos *ce, cette, ces* pueden tomar los diferentes valores de los distintos demostrativos españoles (este, ese, aquel...):

        Quel est cet oiseau ? (¿Qué pájaro es ese?)
        Tu es l'ami de ce type ? (¿Eres el amigo de este tío?)

    * Pero también pueden complementarse por *-ci,* para indicar proximidad, y *-là,* para indicar lejanía, particularmente cuando es necesario marcar una oposición:

        *Il y a beaucoup de monde ces jours-**ci**.* (Hay mucha gente estos días.)
        *On va de ce côté-**ci** ou de ce côté-**là** ?* (Pasamos por este lado o por aquel?)

---

1 Complete con la forma de demostrativo adecuada.

Exemple : Passe-moi .... lettre, s'il te plaît. → *Passe-moi **cette** lettre, s'il te plaît.*

1. .... personnes cherchent l'entrée des groupes.
2. .... calculs sont difficiles.
3. Mais où vont tous .... touristes ?
4. Le directeur de .... journal est une femme.
5. Je trouve que .... enfant dort trop.
6. .... dame est professeur de physique dans mon lycée.

2 Ponga las palabras en cursiva en plural o en singular, y modifique el resto de la frase, si es necesario.

Exemple : Ces publicités *sont incompréhensibles !* → **Cette publicité est incompréhensible !**

1. *Ce poème* est très beau ; j'aime beaucoup ! → ....

2. *Ces valises* sont lourdes. → ....

3. Pouvez-vous m'expliquer *cette phrase*, monsieur ? → ....

4. *Ces arbres* résistent à la chaleur. → ....

5. Tu me postes *cette lettre*, s'il te plaît ? → ....

6. *Cet enfant* grandit vite. → ....

3 Reemplace las palabras en cursiva por las siguientes, según el sentido, y modifique el resto de la frase : *technicien d'Internet (m.), émissions (f.), gants (m.), garçon (m.), maison (f.), chaise (f.), musique (f.).*

Exemple : Ces ouvriers d'EDF reviennent tout à l'heure.
→ **Ce technicien d'Internet revient tout à l'heure.**

1. Ah, non ! Je n'achète pas *ce pull*. → ....

2. Tu vois encore *cette fille* ? → ....

3. Je regarde toujours *ces documentaires* sur Arte. C'est très intéressant ! → ....

4. Barbara habite dans *cet appartement*. → ....

5. J'aime bien *ces chansons* ! → ....

6. *Ce canapé* est très confortable ! → ....

4 Añada *-ci* o *-là*, según el sentido de las frases.

Exemple : Tu vois ce panneau -......, au bout de la rue ? → Tu vois **ce panneau-là**, au bout de la rue ?

1. Cette maison-...... est à mes parents ; cette maison-......, plus loin, est à mon oncle.

2. Ce mois-......, c'est le bon ; je peux m'acheter un ordinateur.

3. Ces jours-......, je suis en vacances.

4. Dans notre immeuble, il y a un nouveau couple, mais ces gens-...... ne parlent à personne !

5. Cette fois-......, tu me dis tout ce que tu sais.

6. Cette idée-...... me plaît !

5 Traduzca las frases al francés.

1. ¿Esta cámara de fotos es tuya? → ....

2. ¿Aquella moto va a 250 km por hora? No lo creo. → ....

3. En esta habitación, hace más fresco que en el salón. Y en aquella habitación, también. (fresco = *frais*) → ....

4. Este vestido te sienta muy bien (sentarme, sentarte = *me, te*...+ *aller*) → ....
....

5. El archivador ese que está en la mesa, ¿sabes de quién es? (archivador = *dossier*) → ....
....

6. Esas informaciones son falsas. → ....

C'est à vous ?

¿Es suyo?

● El verbo *être* sirve también para formar locuciones idiomáticas cuyas palabras no se pueden modificar y que se utilizan en bloque:

> ● *être en train de* + infinitivo = estar + gerundio:
>
> > – *Qu'est-ce que tu es en train de faire ? – Je suis en train de réparer mon vélo.* (–¿Qué estás haciendo? – Estoy arreglando mi bici.)
> >
> > *Je suis en train de sortir, mais je peux t'attendre.* (Estoy saliendo pero puedo esperar.)
>
> ● *être à* + pronombre tónico (*moi, toi, lui, elle...*) = ser + de. Esta locución expresa la "posesión":
>
> > – *C'est à toi, ce parapluie ? – Non, ce n'est pas à moi.* (–¿Es tuyo, este paraguas? –No, no es mío.)

 La posesión puede expresarse igualmente con los adjetivos posesivos (*mon, ton, son...*) (→ *Ficha 19*):

> *Excusez–moi, c'est mon tour !* (Perdón, es mi turno/me toca a mí.)

OTRAS LOCUCIONES

> ● *être d'accord avec...* = estar de acuerdo con...:
>
> > *Tu es d'accord avec moi ?*
>
> ● *être bien / mal* = estar bien/mal:
>
> > *Je suis bien ici !* (¡Estoy bien aquí!)
> >
> > *Il est mal en ce moment.* (Está mal en este momento.)
>
> ● *être pour / contre* = estar a favor/estar en contra:
>
> > *Je suis pour la grève.* (Estoy a favor de la huelga.)
> >
> > *Nous sommes contre la peine de mort.* (Estamos en contra de la pena de muerte.)
>
> ● *être certain / sûr* = estar seguro:
>
> > *Vous êtes sûr/certain de cette information ?* (¿Está seguro de esta información?)
>
> ● *être dans* (*travailler dans un secteur: dans la police, dans le commerce...*) = trabajar en:
>
> > *Mon cousin est dans la police.* (Mi primo trabaja en la policía.)

1 Subraye las palabras que expresan, en su opinión, la posesión.

1. Cette écharpe est à Youssef. C'est son écharpe, je suis sûr de ça !

2. Ça, c'est à moi ; c'est mon parapluie, monsieur. Il y a mes initiales, là.

3. Ces livres sont à Loïc. Ce sont ses livres, je vous dis.

4. C'est votre place ? Désolé !

5. C'est mon jour de chance aujourd'hui !

6. Mais, madame, vous prenez mon caddy ! Il est à moi ; ce sont mes courses !

2 Reemplace las palabras en cursiva, según las indicaciones entre paréntesis.

Exemple : *Ce manteau est à vous ? (tu)* → *Ce manteau est **à toi** ?*

1. La tablette, là, est *à elle* ? (il) → ....

2. La clé, branchée sur l'ordinateur, est *à toi* ? (vous) → ....

3. La belle maison devant la mer est *à elles.* (ils) → ....

4. Les sacs des courses dans le couloir sont *à eux.* (elles) → ....

5. Le stylo noir est *à toi.* (je) → ....

6. Les gants noirs sont *à moi.* (elle) → ....

3 Transforme las frases, según las indicaciones.

Exemple : *Vous êtes pour ou contre l'ouverture des boutiques le dimanche ? (tu)*
    → ***Tu es** pour ou contre l'ouverture des boutiques le dimanche ?*

1. Tu es bien ? Tu as besoin d'aide ? (vous) → ....

2. Ils sont sûrs d'avoir raison. (elle) → ....

3. Il est dans le commerce. (ils) → ....

4. Je suis toujours d'accord avec toi. (nous) → ....

5. Elle est en train de réfléchir. (je) → ....

6. Ils sont mal dans ce petit appartement ! (il) → ....

4 Escuche la grabación del ejercicio n° 3 y verifique la corrección de su ejercicio.

5 Reescriba las frases utilizando *être en train de* + infinitivo.

Exemple : *En ce moment, j'écris un mail.* → ***Je suis en train d'écrire un mail.***

1. Rafiq rentre chez lui. → ....

2. Nous parlons de la pluie et du beau temps. → ....

3. Tu répares ta chaîne hi-fi ? → ....

4. Vous admirez le paysage ? → ....

5. Ils discutent encore. → ....

6. Christelle ? Elle regarde les horaires des séances de cinéma. → ....

6 Traduzca las frases al francés.

1. Estos obreros están reparando el tejado. (tejado = *toit*) → ....

2. Esta casita es de mis abuelos. → ....

3. ¿Esa bolsa es vuestra? → ....

4. Juan, ¿estás trabajando? → ....

5. Estoy de acuerdo con Vanessa. → ....

6. ¡Estamos bien en casa! → ....

Non ! On ne sait pas
¡No! No lo sabemos

- *Non* expresa la negación de una frase entera (en oposición a *oui* que expresa la afirmación).

   – *Tu viens avec moi ?* – **Non** *! Désolé !* (–¿Vienes conmigo? –No, lo siento.)

- Cuando la negación acompaña a un verbo, se utiliza *ne... pas*:

   *Je **ne** mange **pas** de fruits.*

NE... PAS / PLUS

- *Ne* se coloca antes y *pas / plus* detrás de las formas simples del verbo:

   *Non, je **n'**irai **pas** !* (¡No, no iré!)
   *Il **ne** téléphone **plus**.* (Ya no llama.)

- *Ne* se coloca antes del auxiliar y *pas* detrás del auxiliar cuando el verbo está en una forma compuesta:

   *Je **n'ai pas** bien dormi cette nuit.*

⚠️ *Ne* no puede utilizarse de modo aislado: ~~*Je ne fume.* ; *Je ne parle français.*~~ En cambio, en los intercambios orales corrientes, a menudo se omite *ne*, como en:

   Je veux pas y aller. o *Je sais pas.*

- *Ne... plus* indica una ruptura en el tiempo (= ya... no):

   Je ne fume plus maintenant. (= antes fumaba)

---

1 Lea estas frases y subraye las palabras que dan a la frase un sentido negativo. Luego, ponga una x en la casilla correspondiente.

1. Ils n'ont pas de vacances cette année.
2. Tu n'as pas mangé ?
3. Je ne parle plus. Je suis fatigué.
4. Vous n'appelez pas avant 8 heures, d'accord ?
5. Nous n'habitons plus à Rennes.

On exprime la négation par... (une seule réponse possible)

a. *ne* (*n'*) + nom + *pas / plus*. ☐
b. *ne* (*n'*) + adjectif + *pas / plus*. ☐
c. *ne* (*n'*) + verbe forme simple ou auxiliaire + *pas / plus*. ☐

2 Ponga en orden los elementos de las frases siguientes.

Exemple : ne / pas / d'adresse électronique / a / elle. → **Elle n'a pas d'adresse électronique.**

1. pas / médecin / n'est / Carlos. → ....

2. ne / plus / je / ai / vingt ans ! → ....

3. ne / pas / nous / beaucoup / dormons. → ....

4. ne / plus / travaille / il / chez *Casino*. → ....

5. ne / pas / fermez / vous / les portes ? / C'est dangereux ! → ....

6. ne / pas / ils / partent / dimanche. → ....

3 Ponga las frases en la forma negativa.

Exemple : Vous allez souvent au théâtre. → **Vous n'allez pas souvent au théâtre.**

1. Ma mère parle provençal. → ....

2. Nous allons en croisière en septembre. → ....

3. Ils habitent à Fontainebleau. → ....

4. Vous êtes Boliviens ? → ....

5. Tu es libre de faire ce que tu veux. → ....

6. Elle donne son adresse à tout le monde. → ....

4 Traduzca estas frases al francés.

1. ¿No te gusta el pescado? (gustar = *aimer*) → ....

2. Hoy ya no hace mucho calor. (mucho = *très*) → ....

3. No he visto a tu madre últimamente. ¿Está bien? (he visto = *ai vu*) → ....

4. No está contenta con su nuevo trabajo. (contento con = *content de*) → ....

5. Leïla y Hugo ya no van a Arcachon este verano. → ....

6. No estamos listos. (listo = *prêt*) → ....

5 Escuche y complete las respuestas de estos intercambios.

Exemple : – Vous habitez encore à Toulon ? – Non, ... Nous sommes à Nîmes maintenant. → **– Non, nous n'habitons plus à Toulon.** Nous sommes à Nîmes maintenant.

1. – Il est content du résultat de son examen ?
– Non, il .... du tout !

2. – Tu reviens des Pays-Bas ?
– Non, je .... mais de Berlin.

3. – Votre fils est au lycée, madame Tauzer ?
– Non, il .... au lycée. Il est à l'université.

4. – Vous êtes russes ?
– Non, nous .... ; nous sommes bulgares, de Sofia.

5. – Tu restes à Toulouse, en août ?
– Non, je .... à Toulouse ; je vais dans les Pyrénées.

6. – Est-ce que les magasins ferment à midi ?
– Non, ils .... maintenant. Ils sont ouverts toute la journée.

Il est parti !

¡Se ha marchado!

- El sistema de los modos (indicativo, subjuntivo...) y de los tiempos (presente, pasado...) se estructura globalmente igual en español que en francés. Ambas lenguas poseen igualmente formas verbales simples y formas compuestas (construídas con un verbo auxiliar y el participio pasado del verbo). También existen diferencias: por ejemplo, en el empleo del verbo auxiliar (→ *Ficha 42*) y en el uso del *passé composé* (pretérito perfecto) y del *passé simple* (pretérito indefinido).

- El **passé simple** ya solo se utiliza en francés en el escrito, y especialmente en los relatos literarios. El **passé composé** es el tiempo en que se expresa una acción en el pasado, y equivale tanto al pretérito perfecto como al pretérito indefinido en español, según el contexto:

  Hier, je suis allé au cinéma. (Ayer, fui al cine.)
  J'ai oublié de te dire que... (He olvidado/Olvidé decirte que...)

- El **passé composé** posee por tanto los valores siguientes:

  - acción realizada recientemente:
    Elle est partie. (Se ha ido./Se fue.)

  - acción anterior a un presente:
    Quand il a dormi, il va mieux. (Cuando ha dormido, está mejor.)

  - acción realizada en un tiempo pasado:
    Je suis née en 1994. (Nací en 1994.)

- El **passé composé** se forma con un auxiliar (*être* o *avoir*) y el participio pasado del verbo. En general:

  - verbos en *-er*, participio pasado en *-é*: *chanter* → **chanté**
  - verbos en *-ir*, participio pasado en *-i*: *partir* → **parti**
  - verbos en *-oir* y en *-re*, participio pasado en *-u*: *voir* → **vu** ; *rendre* → **rendu**
  - Pero existen muchas formas irregulares. Por ejemplo:

    > *avoir* → **eu** : *J'ai eu peur.*
    > *être* → **été** : *Elle a été professeur toute sa vie.*
    > *devoir* → **dû** : *Ils ont dû partir plus tôt.*
    > *faire* → **fait** : *Il a fait beau tout le week-end.*
    > *naître* → **né** : *Je suis né le 20 juillet 1995.*
    > *prendre (apprendre, comprendre)* → **pris** : *Elle a pris un steak frites.*
    > *pouvoir* → **pu** : *Nous n'avons pas pu venir.*
    > *savoir* → **su** : *Personne n'a rien su.*

  - El participio pasado del *passé composé* conjugado con el verbo *être* concuerda en género y número con el sujeto, como un adjetivo:

    Elles *sont mont***ées** *jusqu'au dernier étage à pied.*

1 Lea las frases, y luego marque con una cruz *oui* o *non*.

1. J'ai rencontré Delphine tout à l'heure.

2. Nous avons vu le dernier film de Luc Besson. Et vous ?

3. Floriane est restée longtemps chez ses parents.

4. Jean-Marc et Léna sont arrivés hier.

5. Cette année, ils sont allés à la mer.

6. Où est-ce que tu as acheté ces belles fleurs ?

Dans ces phrases au passé composé...   Oui Non

a. le participe passé ne change pas, il est toujours invariable.   ☐   ☐

b. avec l'auxiliaire *être*, le participe passé s'accorde avec le sujet, comme un adjectif. ☐   ☐

c. avec l'auxiliaire *avoir*, le participe passé est invariable.   ☐   ☐

2 Transforme las frases, según las indicaciones. Tenga cuidado con la concordancia del participio pasado si está conjugado con el auxiliar *être* !

Exemple : Mon géranium est mort à cause du froid. (mes plantes)

→ **Mes plantes sont mortes à cause du froid.**

1. Aïcha est née le 6 novembre. (Louis) → ....

2. Nous avons acheté un lave-vaisselle, enfin ! (je) → ....

3. J'ai travaillé trois ans dans une banque. (ma sœur) → ....

4. Lucas a gagné le tournoi inter-universitaire de ski de fond. (Florence) → ....

5. Est-ce que vous êtes partis ensemble ? (ils) → ....

6. Tu as entendu les cris cette nuit ? (vous) → ....

3 Traduzca las frases siguientes al francés.

1. Guillermo ha salido de la oficina muy tarde. → ....

2. Hemos hecho nuestra declaración de impuestos. (impuestos = *impôts*) → ....

3. Ha llegado justo antes del comienzo de la reunión (el comienzo = *le début*) → ....

4. ¿A qué edad te fuiste de tu ciudad natal? (irse = *quitter*) → ....

5. ¿Habéis apuntado nuestro nuevo número de teléfono? (apuntar = *noter*) → ....

6. Fabrice y sus amigos han ido al restaurante vietnamita de la calle Lamartine. (vietnamita = *vietnamien*) → ....

4 Ponga los verbos en pretérito perfecto (*passé composé*) o en presente, según el sentido de las frases.

Exemple : Jules, Marie .... trois fois cet après-midi. (appeler)

→ Jules, Marie **a appelé** trois fois cet après-midi.

1. Je .... tous mes devoirs : je peux voir la télé maintenant ? (finir)

2. Tu sais, Jade et José .... nous voir ce soir. (venir)

3. Quand on peut, nous .... en Provence le week-end. (aller)

4. Charles-Édouard .... un voyage en Finlande, l'été dernier. (faire)

5. Hier, les Guyot .... *Carmen* à l'opéra. (voir)

6. Elle .... tout de suite aux mails qu'elle reçoit. (répondre)

Marchons, marchons !
¡Vamos, vamos!

- La conjugación de imperativo no se efectúa en todas las personas, sino tan solo en algunas de ellas:

    - la persona 2: *Viens ici immédiatement !*

    - la persona 5: *Venez voir ça !*

    - la persona 4 en la que el verbo posee más bien un valor de exhortación o de consejo: *Allons, allons ! Du calme !*

- Se utiliza sin sujeto:

    Fais attention ! (¡Ten cuidado!)

- Se conjuga como el presente de indicativo. Ahora bien, en los verbos terminados en *-er* en el infinitivo, la persona 2 termina en *-e* (y no en *–es*):

    Tu manges trop vite. (indicatif) Mange plus lentement. (impératif)

- El imperativo tiene un valor directivo, y sirve para expresar una orden, una exhortación, un consejo… En la forma negativa (→ *Ficha 22*), expresa una prohibición…

    Maintenant, n'utilise plus ton portable ! (¡Ahora, no uses más tu móvil!)

- No es habitual expresar una orden de modo directo, y se atenúa frecuentemente con diversas fórmulas de cortesía, añadiendo la expresión *s'il vous plaît*:

    Parlez moins fort, s'il vous plaît. Il y a des enfants qui dorment à côté.

- Para otras formas de expresar una demanda (→ *Ficha 15*), *pouvoir*.

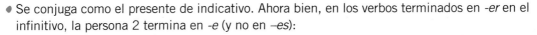

1 **Subraye las letras que no se pronuncian.**

	Impératif	
	(tu)	(vous)
Parle**r**	Parl**e**	Parle**z**
Finir	Finis	Finissez
Faire	Fais	Faites
Aller	Va	Allez
Écrire	Écris	Écrivez
Être	Sois	Soyez
Avoir	Aie	Ayez

2 Escuche y marque con una cruz las frases en las que hay un imperativo.

Exemple : ___**Téléphone**___ *à François, c'est son anniversaire aujourd'hui !*

1. ☐   2. ☐   3. ☐
4. ☐   5. ☐   6. ☐

3 Indique el modo y el tiempo de cada frase (infinitivo, presente de indicativo, imperativo).

Exemple : Retirer la prise. → **_Infinitif_**

1. Attendre l'ouverture des portes. → ....
2. Faites vos valises ; il est déjà huit heures ! → ....
3. Appuyer sur la sonnette puis entrer. → ....
4. Achetez aux producteurs, c'est mieux ! → ....
5. Tu parles plus fort, s'il te plaît ? → ....
6. Ne pas fermer la porte à clé. → ....

4 Transforme las frases siguientes del presente de indicativo al imperativo.

Exemple : Vous faites ce que vous voulez. → **_Faites ce que vous voulez !_**

1. S'il te plaît, tu passes l'aspirateur. → ....
2. Vous faites attention à la marche. → ....
3. Vous écoutez ce que je dis. → ....
4. Tu traverses la place et tu prends l'avenue Diderot. → ....
5. Vous prenez de l'eau pour le voyage. → ....
6. Tu téléphones s'il y a un problème. → ....

5 Traduzca las frases siguientes al francés.

1. No llores. (llorar = *pleurer*) → ....
2. Vete al mercado, es más barato. (más barato = *moins cher*) → ....
3. No hables más, por favor. → ....
4. No dejéis las puertas abiertas. → ....
5. No prepares nada para esta noche. Te invito yo. → ....
6. ¡Ven a ver! ¡Hay una sorpresa para ti! (venir/*viens* + infinitif) → ....

6 Ponga los verbos en imperativo y en la forma negativa, según las indicaciones.

Exemple : .... *l'heure toutes les cinq minutes, c'est insupportable ! (regarder, personne 5)*
     → **_Ne regardez pas_** *l'heure toutes les cinq minutes, c'est insupportable !*

1. .... ce sac, il est trop grand. (acheter, personne 2)
2. .... traîner vos affaires partout. (laisser, personne 5)
3. .... cette fiche. Ce n'est pas la bonne. (remplir, personne 2)
4. .... ça ! (dire/dites, personne 5)
5. .... ce produit sans lire les instructions. (utiliser, personne 2)
6. .... ce voyage au mois d'août. Il y a trop de monde. (faire, personne 5)

On va au cinéma ?
¿Vamos al cine?

● Los verbos *aller* y *venir* son muy empleados. En el presente de indicativo, *aller* tiene 5 formas en el oral y 6 formas en el escrito; el verbo *venir* 3 formas en el oral y 5 en el escrito.

Aller [ale]		Venir [vəniʀ]	
En el escrito	**En el oral**	**En el escrito**	**En el oral**
Je vai-s	[ʒəvɛ]	Je vien-s	[ʒəvjɛ̃]
Tu va-s	[tyva]	Tu vien-s	[tyvjɛ̃]
Il / Elle va	[il/ɛlva]	Il / Elle vien-t	[il/ɛlvjɛ̃]
Nous all-ons	[nuzalɔ̃]	Nous ven-ons	[nuvənɔ̃]
Vous all-ez	[vuzale]	Vous ven-ez	[vuvəne]
Ils / Elles vont	[il/ɛlvɔ̃]	Ils / Elles vienn-ent	[il/ɛlvjɛn]

● Ambos verbos forman los tiempos compuestos con el auxiliar *être*.

ALLER

● El participio pasado es *allé* y se conjuga con el verbo auxiliar *être*: *Elle est allée te voir.*

● El imperativo es *va, allez*: *Va chercher du pain, s'il te plaît. Allez à la gare en bus, c'est plus rapide.*

● El imperfecto utiliza la raíz *all-* (persona 4 y 5 del presente) (→ Ficha 51): *J'allais tous les jours au parc.*

● El futuro y el condicional utilizan una raíz especial, *ir-* (→ Fichas 10 y 43):
    Tu iras voir Jean-Marc, demain ? J'irais bien faire un tour.

VENIR

● El participio pasado es *venu* y se conjuga con el verbo auxiliar *être* : *Roxane est venue tôt, ce matin.*

● El imperativo es *viens, venez* : *Viens là ! – Venez donc à la maison pour l'apéritif !*

● El imperfecto utiliza la raíz *ven-* : *Je venais vous dire bonjour.*

● El futuro y el condicional utilizan la raíz *viendr-*: *Les beaux jours reviendront. – Je viendrais avec plaisir chez toi, mais j'ai la grippe.*

 No se puede decir ~~Je vais !~~ sino : *J'y vais.* Puede decirse en cambio: *Je viens !,* con un sentido similar (Voy).

1 Escuche el presente de *aller* y de *venir* y escriba las formas que poseen el mismo sonido.

Aller		Venir	
Je	Nous	Je	Nous ....
Tu	Vous	Tu	Vous ....
Il	Ils	Il	Ils ....

2 Ponga en orden esta conversación.

Conversation entre Mathilde et sa collègue Valentine.
– Quand est-ce que tu vas chez le coiffeur ? → **1**
– D'accord. Et après nous allons au restaurant. → ......
– Excellente idée ! → ......
– J'y vais demain à 17 h 30. Pourquoi ? → ......
– Alors, viens chez Christophe ; il est très bien, tu sais. → ......
– Tu peux prendre rendez-vous pour moi, à 18 h par exemple ? → ......
– Mon coiffeur a fermé son salon et je cherche un autre coiffeur. → ......

3 Escuche la conversación del ejercicio nº 2 y verifique que está correcto.

4 Cambie la persona del verbo, según las indicaciones.

Exemple : Tu vas au supermarché, tout de suite ? (vous) → ***Vous allez au supermarché, tout de suite ?***
1. Nous allons au concert à 8 heures, ce soir. (je) → ....
2. Tu vas chez Apolline, samedi ? (vous) → ....
3. Il va mieux, heureusement. (tu) → ....
4. Vous allez encore à La Rochelle cette année ? (ils) → ....
5. Ils vont en Belgique, à Bruges, je crois. (elle) → ....
6. Je vais souvent dans les Pyrénées en été. (nous) → ....

5 Conjugue *aller* y *venir*, según las indicaciones.

Exemple : .... en Égypte : magnifique ! *(nous, m., aller/passé comp.)*
→ ***Nous sommes allés*** en Égypte : magnifique !
1. .... tous les ans voir nos parents. (elle, venir/présent))
2. .... au travail à vélo. (il, aller/présent)
3. Où est-ce que .... ? (vous, aller/présent)
4. Quand ...., il n'y avait personne. (ils, venir/passé comp.)
5. .... tout droit, puis tournez à gauche. (vous, aller/impératif)
6. .... une minute, j'ai besoin de toi. (tu, venir/impératif)

Qui êtes-vous ?

¿Quién es usted?

- El pronombre interrogativo *qui* se utiliza cuando se pregunta por una persona:

    Qui veut encore du dessert ? (¿Quién quiere más postre?)

- El pronombre interrogativo *que* se utiliza cuando se pregunta por una cosa (o un ser inanimado). *Que* se corresponde globalmente con los empleos del español qué:

    Que font nos amis ? (¿Qué hacen nuestros amigos ?)

- *Que* se elide delante de una vocal, pero *qui* no se elide nunca:

    Qu'est-ce que tu veux ?

    Qui est-ce que tu attends ?

- *Qui* y *que* pueden combinarse con la expresión *est-ce que*:

    Qui est-ce que *vous cherchez ?* (chercher quelqu'un)

    Qu'est-ce que *tu cherches dans mon sac ?* (chercher quelque chose)

- Cuando no se utiliza la expresión *est-ce que,* debe invertirse el pronombre sujeto:

    Qui regardes-tu ? (regarder quelqu'un)

    Que cherches-tu ici ? (chercher quelque chose)

- En los intercambios orales familiares, se usan a menudo las construcciones sin inversión y sin *est-ce que*:

    Tu regardes qui ?

    Tu cherches qui ?

1 Observe los pronombres y marque con una cruz verdadero (*vrai*) o falso (*faux*).

1. Qui sont vos associés ?
2. Qui discute avec Antonio ?
3. Qu'est-ce que tu dis ?
4. Qui est-ce que vous invitez ?
5. Qu'est-ce que vous avez comme magazines ?
6. Que veut Virginie ?

	Vrai	Faux
a. Le pronom interrogatif *qui* se rapporte à une chose.	☐	☐
b. Le pronom interrogatif *que* se rapporte à une personne.	☐	☐
c. Le pronom interrogatif *que* s'élide devant une voyelle.	☐	☐
d. *Qui* ne s'élide pas.	☐	☐

2 Asocie la pregunta con la respuesta correspondiente.

Exemple : *1. Qu'est-ce que tu regardes ?*   *a. Je regarde le plan de la ville, tu vois bien !*
→ ***Qu'est-ce que tu regardes ? Je regarde le plan de la ville, tu vois bien !***

1. Qui a téléphoné ?

2. Qui est-ce que vous cherchez ?

3. Qu'est-ce que tu veux, au fait ?

4. Mais qui crie comme ça ?

5. Qu'est-ce que tu prends ?

6. Que font tes parents ?

a. Ils ont une boutique de chaussures.

b. C'est le petit garçon d'à côté : il fait des caprices.

c. On cherche le gardien de l'immeuble.

d. Je veux être écouté, c'est tout !

e. Le plat du jour et toi ?

f. *Allôtél*, pour une publicité.

3 Transforme las frases en interrogativas con *qui* o *que* y *est-ce que*.

Exemples : *Vous attendez quelqu'un.* → ***Qui est-ce que vous attendez ?***
Elle demande quelque chose. → ***Qu'est-ce qu'elle demande ?***

1. Ils cherchent quelqu'un. → ....

2. Vous accompagnez quelqu'un à la gare. →...

3. Il transporte quelque chose. → ....

4. Elle voit quelqu'un à midi. → ....

5. Elles achètent quelque chose. → ....

6. Vous prenez quelque chose. → ....

4 Reúna ambas partes para formar preguntas.

Exemple : *1. Qui accompagne*   *a. Clara à l'école ?* → ***Qui accompagne Clara à l'école ?***

1. Qui a écrit

2. Qui est-ce qu'elle invite

3. Au fait, Omar, qu'est-ce qu'il a

4. Qui veut

5. Qu'est-ce que vous choisissez, alors,

6. Que préfère Camille

a. comme moto ?

b. sortir avec nous ?

c. pour ses vacances : juillet ou août ?

d. à sa fête ?

e. ce message ?

f. le bifteck ou le poisson grillé ?

5 Complete con *qui* o *que*.

Exemple : .... *est-ce que vous avez comme journaux espagnols ?*
→ ***Qu'**est-ce que vous avez comme journaux espagnols ?*

1. .... est-ce que j'achète au marché ?

2. .... pensent tes parents ?

3. .... est l'auteur de ce roman ?

4. .... est-ce que vous faites, ce soir ?

5. .... est-ce que tu dois voir à cinq heures ?

6. .... est-ce que vous attendez ?

6 Escuche la grabación del ejercicio n° 5 y verifique la corrección.

Où es-tu ?

¿Dónde estás?

- La interrogación con *où* y *quand* necesita respuestas precisas.

- Para interrogar acerca del momento en que se efectúa una acción, se utiliza el adverbio interrogativo *quand*:

  Quand est-ce que tu arrives à la gare ?

- Para interrogar acerca de un lugar, se utiliza el adverbio interrogativo *où* y *d'où* que corresponden a ¿dónde? ¿adónde? y ¿de dónde?:

  Où vas-tu à cette heure ?
  – D'où viens-tu ? – Du Sénégal.

- En los intercambios orales corrientes, *quand* y *où* pueden colocarse detrás del verbo:

  Tu arrives quand ?
  Tu vas où ?

- La inversión del sujeto (→ *Ficha 55*) y el uso de la expresión *est-ce que* marcan habitualmente un registro de lengua más cuidado (→ *Ficha 13*):

  Quand arrives-tu ? Où vas-tu ?
  Quand est-ce que tu arrives ? Où est-ce que tu vas en vacances ?

Por tanto, poniendo el adverbio interrogativo al comienzo de la frase y utilizando la expresión *est-ce que,* empleamos un registro válido para cualquier situación de comunicación:

  Quand est-ce que *vous partez ?*

1 Escuche y complete los intercambios con *quand, où, d'où,* según el sentido de las frases.

Exemples : – *Vous partez* .... *en vacances ?* – *Dans trois semaines.*
  –> – *Vous partez* **quand** *en vacances ?* – *Dans trois semaines.*
  – .... *est-ce que vous venez ?* – *De la gare.*
  –> – **D'où** *est-ce que vous venez ?* – *De la gare.*

1. – Tu vas .... au concert ? – Demain soir, à 19 heures 30.

2. – .... vous faites les courses ? Au marché ? – Non, nous allons dans un supermarché, à dix minutes de chez nous.

3. – Daby est .... ? – Il est sénégalais mais il vit en France.

4. – C'est .... l'anniversaire de Théo ? – Le 12 juin, dans une semaine, quoi !

5. – Julien, ... est-ce qu'elle est la clé de la voiture ? – Elle est sur la table du salon.

6. – .... allez-vous en vacances ? – En Bretagne, chez des amis.

2 Construya las frases a partir de los elementos proporcionados, como en el ejemplo.

Exemple : se trouve / ce magasin de produits asiatiques / où ?

→ **Ce magasin de produits asiatiques se trouve où ?**

1. tu / quand / viens ? → ....

2. apprenez / où / vous / le français ? → ....

3. la poste / quand / ouvre ? → ....

4. d'où / ces oranges / viennent ? → ....

5. où / mes lunettes / sont ? → ....

6. ton ami Jacques / où / travaille ? → ....

3 Transforme las frases según el ejemplo.

Exemples : Quand dois-tu aller chez le médecin ? → **Quand est-ce que tu dois aller chez le médecin ?**
/ Tu dois aller chez le médecin quand ?

Où dois-tu aller tout à l'heure ? → **Où est-ce que tu dois aller tout à l'heure ?**
/ Tu dois aller où tout à l'heure ?

1. D'où viens-tu ? → ....

2. Où achetez-vous votre pain ? → ....

3. Quand finit-elle ses études ? → ....

4. Où ont-ils rendez-vous ? → ....

5. Quand reviens-tu en France ? → ....

6. D'où sortez-vous ? → ....

4 Traduzca las frases siguientes al francés.

1. ¿Cuándo acabas los exámenes? → ....

2. ¿Dónde va Vd. este verano? → ....

3. ¿Cuándo llegan, exactamente? (exactamente = *au juste, exactement*) → ....

4. ¿Dónde podemos colgar el nuevo cuadro? → ....

5. ¿Cuándo estáis libres? → ....

6. ¿De dónde vienen estas flores? → ....

5 A partir de las respuestas, escriba las preguntas con ayuda de *où, d'où, quand,* según el sentido.

Exemple : Nous sommes en pleine forêt. → **Vous êtes où ? / Où est-ce que vous êtes ?**

1. Nous sommes tunisiens, de Monastir. → ....

2. Ces tee-shirts ? Mais ils viennent de Chine ! → ....

3. Il est à la piscine, comme tous les mardis. → ....

4. Le peintre vient mercredi, à dix heures. → ....

5. Elle rentre du Canada en juin. → ....

6. En août ? Je suis au soleil, à Biarritz ! → ....

Quelle surprise !
¡Qué sorpresa!

- El adverbio *combien* (= cuánto) sirve para interrogar acerca del número, de la cantidad:

  Combien ça coûte ? (¿Cuánto cuesta?)

  Ils sont combien, tes invités ? (¿Cuántos invitados tienes?)

- Delante de un sustantivo, se utiliza *combien de*:

  Combien de langues tu parles ?

- También puede utilizarse *combien (de)* con *est-ce que* y con la inversión del pronombre sujeto (modo de comunicación más cuidado):

  Combien de langues est-ce que vous parlez ?

  Combien de langues parlez-vous ?

- *Quel* permite interrogar acerca de la identidad, la naturaleza de un término de la frase:

  – Quel est votre nom de famille ? – López.

  – Quels sports pratiquez-vous? – La marche et la natation.

- *Quel* concuerda en género y en número. Existen cuatro formas escritas, si bien se pronuncian igual [kɛl]:

	Masculino	Femenino
Singular	quel [kɛl]	quelle [kɛl]
Plural	quels [kɛl]	quelles [kɛl]

- *Quel* sirve igualmente para expresar una exclamación:

  Quelle drôle d'idée !

1 Relacione las preguntas con las repuestas.

Exemple : 1. – Quel est ton prénom ?   a. – Je m'appelle Grégoire.

  → **– Quel est ton prénom ? – Je m'appelle Grégoire.**

1. – Quelle rue habites-tu ?

2. – Il y a combien d'heures de vol de Vienne à Paris ?

3. – Combien de personnes tu invites ?

4. – Combien c'est cette ampoule de 100 W ?

5. – Quelle couleur tu préfères finalement ?

6. – Quel quartier vous voulez visiter aujourd'hui ?

a. – Le rouge.

b. – Dix ou douze personnes.

c. – La rue de la Tour, au numéro dix.

d. – Environ deux heures.

e. – Le quartier du port et la vieille ville.

f. – Trois euros cinquante, madame.

2 A partir de las respuestas, escriba las preguntas.

Exemple : Il y a quarante appartements dans mon immeuble.
→ **Combien d'appartements il y a dans ton immeuble ?**

1. Il y a 60 % de reçus à l'examen. → ....
2. Samir a juste six ans. → ....
3. Tu prends la deuxième rue à gauche. → ....
4. J'ai un frère et deux sœurs. → ....
5. Mon activité sportive préférée, c'est le foot. → ....
6. Ça fait un euro quatre-vingts, monsieur. → ....

3 Escuche y ponga la conversación en el orden lógico.

– Voilà votre billet, madame. → ......
– Bonjour, monsieur ! Un billet aller-retour pour Montreuil, s'il vous plaît. → ......
– Cinq euros quarante. → ......
– C'est combien ? → ......
– C'est la voie 22, madame. → ......
– Ah, au fait, quel est le numéro de la voie ? → ......

4 Complete con *quand* o *combien*, según el sentido de las frases.

Exemple : Quatre croissants au beurre, c'est .... ? → *Quatre croissants au beurre, c'est* **combien** ?

1. Tu vas .... à Perpignan ?
2. .... coûte la recharge de téléphone la moins chère ?
3. Ce poster coûte .... ?
4. Vous partez .... ?
5. C'est .... le prix de ce papier ?
6. Les Bodinier reviennent .... du Maroc ?

5 Añada las dos contestaciones siguientes en la conversación.

| – C'est combien ? | – Combien de boules ? |

– Bonjour, monsieur. Vous désirez ?
– Une glace vanille-chocolat, s'il vous plaît.
– ....
– Deux boules.
– Et voilà votre glace !

– ....
– Trois euros.
– Trois euros pour deux boules ? Elles sont chères vos glaces !

6 Forme frases con ayuda de *quel,* según las indicaciones.

Exemples : ton adresse (interrogatif) → **Quelle est ton adresse ?**
paysage / superbe (exclamatif) → **Quel paysage superbe !**

1. numéro de ton téléphone portable (interrogatif) → ....
2. Pluie (exclamatif) → ....
3. Idée originale (exclamatif) → ....
4. Vos plats préférés (interrogatif) → ....
5. Prix de cette bague (interrogatif) → ....
6. Surprise (exclamatif) → ....

Comment tu t'appelles ?

¿Cómo te llamas ?

- *Comment* se utiliza para interrogar acerca del modo o la manera, y corresponde al español cómo:

  Comment tu t'appelles ? (y no ~~Comme tu t'appelles ?~~)
  Comment on sort d'ici ? (¿Cómo se sale de aquí?)

- Al igual que los demás adverbios interrogativos, *comment* puede emplearse junto con *est-ce que* (en la lengua corriente, oral y escrita) o bien situarse detrás del verbo (en la lengua corriente oral) para hacer la pregunta:

  Comment est-ce que tu t'appelles ?
  Tu t'appelles comment ?

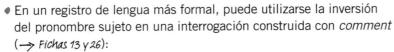

- En un registro de lengua más formal, puede utilizarse la inversión del pronombre sujeto en una interrogación construida con *comment* (→ *Fichas 13 y 26*):

  Comment t'appelles-tu ?
  Comment faites-vous pour sortir d'ici ?

- *Comme* se utiliza:

  - para la exclamación (y corresponde en español a cómo y a qué, según los casos):

    Comme elle est intelligente ! (¡Qué lista es!)
    Comme il pleut ! (¡Cómo llueve!)

  - para la comparación (→ *Ficha 53*) (= como, sin tilde):

    Il sourit comme sa mère. (Sonríe como su madre.)
    Rusé comme un renard. (Astuto como un zorro.)

- No confundir por tanto:

  - *Comment:* adverbio de interrogación que sirve para preguntar por algo:

    Comment ça va ?

  - *Comme:* adverbio de exclamación y de comparación.

    Comme c'est beau !
    Il est drôle comme son frère.

---

1 Lea las frases, observe e indique si son verdaderas (*vrai*) o falsas (*faux*).

1. Pablo, comment tu dis *agua* en français ?
2. Raphaël est avocat, comme son père.
3. Comment s'appelle le petit ?
4. Comment vous faites pour être toujours de bonne humeur ?
5. Son ami est jaloux comme un pou.
6. Ils sont très vifs, comme tous les enfants !

	Vrai	Faux
Comment s'utilise dans les phrases interrogatives et pour comparer.	☐	☐
Comme s'utilise pour comparer.	☐	☐
Comment signifie : de quelle manière et s'utilise pour poser des questions.	☐	☐

2 Elija la palabra adecuada para completar estas expresiones.

Exemple : Il est fort / beau *comme un lion.* → Il est **fort** *comme un lion.*

1. Il est *beau / myope* comme une taupe. *(= un topo)*

2. Il est *lent / bête* comme une oie. *(= una oca)*

3. Il est *jaloux / beau* comme un dieu. *(= un dios)*

4. Il est *têtu / jaloux* comme un tigre.

5. Il est *lent / fort* comme une tortue. *(= una tortuga)*

6. Il est *myope / têtu* comme une mule.

3 Escuche la grabación del ejercicio 2, verifique la corrección de su ejercicio y repita las frases en voz alta.

4 Traduzca la conversación al francés.

Édouard reçoit ses amis, Frank et Nadia.

Édouard: Hola, ¿Qué tal estás? (qué tal = *comment?*) → ....

Frédéric: Bien, bien, como de costumbre. → ....

Nadia: Y tú, Eduardo, ¿qué tal? ¿Cómo es tu nuevo trabajo? → ....

Édouard: Es interesante, pero no me queda mucho tiempo libre. → ....

Frédéric: Es así en todas partes, ahora (es así = *c'est comme ça*) → ....

Édouard: Bueno, hablemos de otra cosa. Vamos a celebrar nuestro encuentro, como en los viejos tiempos. (en los...= *au bon vieux temps*) → ....
....

5 Encuentre las preguntas.

Exemple : – .... – Je vais bien, merci. → – **Comment tu vas ?** – Je vais bien, merci.

1. – ....
– Mes parents vont bien, merci.

2. – ....
– Nous venons en métro.

3. – ....
– Je trouve ton appartement très original.

4. – ....
– Voilà la recette de la tarte au citron ! Elle est simple.

5. – ....
– Le petit ami de Claire s'appelle Clément.

6. – ....
– Les cerises ? Elles sont bonnes mais très chères !

Voyelles

Vocales

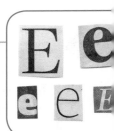

LOS SONIDOS DE LA LETRA *E*

● La letra *E* puede corresponder a tres tipos de sonidos:

- ● un sonido *E* cerrada: [e] como en [bebe], escrito *bébé*. En español, este tipo de *E* es la pronunciación habitual de la letra *e*: **Este es el que quiero**.

- ● un sonido *E* abierta: [ɛ] como *la mer*.

- ● un sonido *E* "muda": [ə], como en *le*, pronunciado [lə]. Se llama así porque puede dejar de pronunciarse, según su posición en la frase y el registro de lengua:

  Je me souviens de toi. [ʒəməsuvjɛ̃dətwa] **o** [ʒəmsuvjɛ̃dtwa]

LAS LETRAS

● El sonido *E* muda [ə] corresponde en el escrito a la letra *e* (sin tilde o acento gráfico):

  Je me le demande [ʒəmələdəmãd].

● El sonido [e] cerrada puede escribirse:

- ● *é* (*e* con tilde o "acento agudo"), como en *été* [ete].

- ● *e* seguida de una consonante no pronunciada, como en *clef* [kle], *boulanger* [bulãʒe], *chanter/chantez* [ʃãte].

● El sonido [ɛ] abierta puede escribirse:

- ● *è* (*e* con tilde o "acento grave") o *ê* (*e* con "acento circunflejo") como en *père* [pɛR] o en *tête* [tɛt] (→ *ficha 5*).

- ● *e* seguida de una consonante pronunciada, como en *terre* [tɛR].

- ● por los diptongos *-ai-* y *-ei-*: *je vais, la peine.*

 ● **La letra *e* se pronuncia [ə]:**
- ● en los monosílabos: *le, de, te…*
- ● cuando está al final de una sílaba: *mer-cre-di, be-soin, de-main.*

● **La letra *e* se pronuncia [ɛ] o [e]:**

- ● en el interior de una sílaba : [ɛ], *mer-cre-di, ter-re.*

- ● cuando, en la misma sílaba, *e* es seguida de una consonante no pronunciada: [e], *les, des.* Pero: *tu es, il est* → [ɛ].

● **La letra *e* no se pronuncia cuando está al final de una palabra** (excepto en los monosílabos): *structure, phrase* [ø]

● A modo de recuerdo, este ejemplo ilustra los tres tipos de sonido *E*:

  Tu répètes, s'il te plaît ? [tyRepɛtsiltəplɛ]

Escuche y subraye las palabras con *E* abierta [ɛ]. Luego, léalas en voz alta.

Exemple : <u>miel</u>

hôtel	sept	pierre	lettre	départ
perle	problème	nouvelle	boulanger	métier

 Escuche, observe las letras en negrita e indique el sonido que oye: [e] o [ɛ].

Exemple : **É**lodie **est** infirm**iè**re. → *[e] / [ɛ] / [ɛ]*

1. Tu peux **ré**pondre ? → ....
2. Not**ez** le nom d**es** participants. → ....
3. J'**ai** vu Dani dans la rue. → ....
4. Tu me passes le cah**ie**r à carreaux ? → ....
5. Notre boulang**è**re ouvre à six heures du matin. → ....
6. Le p**è**re de Fabrice **est** chauffeur de taxi. → ....

 Escuche y añada las letras que faltan.

Exemple : Il es...... bien, ce roman ? → Il es**t** bien, ce roman ?

1. Vous vene...... à l'Assemblée générale, le deux mars ? C'est sûr ?
2. Franck, tu e... au lycée ?
3. Pardon, monsieur, vous arrive...... de Montréal ?
4. Bonjour, je cherch...... Alice Vial.
5. J'habit...... 20, avenue Trudaine.
6. Reste...... là. Ne bouge...... pas !

 Escuche y complete las palabras con la tilde correspondiente (acento grave o agudo).

Exemple : C'est la derniere fois que je te le repete ! → C'est la dern**iè**re fois que je te le r**é**p**è**te !

1. Les athletes sont prêts pour la competition.
2. La Grece a de merveilleux monuments.
3. Alors, ton sejour en Suede, ça s'est bien passe ?
4. Il y a toujours une premiere fois.
5. À quel etage se trouve le dentiste ?
6. Regarde ! Il y a un helicoptere qui se pose sur la terrasse d'en face.

 Escuche y escriba los imperativos en la persona 5.

Exemple : répète → **répétez**

1. viens → ....
2. jette → ....
3. reste → ....
4. lève-toi → ....
5. écoute → ....
6. épèle → ....

 Escuche de nuevo y subraye la *e* muda [ə], como en <u>ven*e*z</u>.

On va décider demain...

Vamos a decidirlo mañana...

- *Aller, venir* y otros verbos que se construyen con un infinitivo sirven para indicar el desarrollo de una acción en sus distintas fases:

  - *aller* + infinitivo (que corresponde al español "ir a" + infinitivo) expresa el futuro próximo o inmediato:

    Le film va commencer dans cinq minutes. (**La película va a empezar dentro de cinco minutos.**)

    Se utiliza muy a menudo en los intercambios orales corrientes en lugar del futuro:

    Vous allez vous promener à la plage demain ? (**¿Vais a pasar por la playa mañana?**)

  - *venir de* + infinitivo (que corresponde al español: "acabar de" + infinitivo) expresa el pasado reciente, la acción acaba de terminar:

    Je viens de t'appeler, mais il n'y avait personne chez toi !
    (**Acabo de llamarte, pero no había nadie en tu casa.**)

- Se utilizan otros verbos para expresar el comienzo y la finalización de una acción:

  - *commencer à/se mettre à* (comenzar a, empezar a, ponerse a):

    Il commence à pleuvoir. (**Empieza a llover.**)
    Cédric se met à pleurer. (**Cédric se pone a llorar.**)

  - *finir de* (acabar de, terminar de):

    Je finis de manger et j'arrive. (**Termino de comer y voy.**)

---

1 Ponga en orden la conversación siguiente.

Conversation entre Damien, 16 ans, et son père.

– Et je vais vous appeler dès que j'arrive chez Achille. C'est ça ? → ......
– Où est-ce que tu vas à cette heure ? → **1**
– Ah bon ! Alors, tu vas prendre un taxi pour rentrer, d'accord ? Voilà vingt euros. → ......
– Mais oui ! Promis ! → ......
– Eh oui. C'est promis ? → ......
– Je vais chez Achille voir un DVD. Il vient de s'acheter la série des *Borgia*. → ......

2 Escuche la conversación del ejercicio nº 1 y verifique si su ejercicio es correcto.

3 Subraye las formas del verbo *aller* que indican el futuro.

Exemple : Il va tout finir avant ce soir. → **Il va** tout **finir** avant ce soir.

1. Nous sommes allés au Salon de l'Agriculture avec les enfants.
2. Tu vas acheter un cadeau pour ta mère ?
3. Il va faire froid demain.
4. Vous allez encore passer l'hiver aux Baléares, cette année ?
5. Ils vont émigrer au Québec, je crois.
6. Je vais souvent à Rouen quand Jean-Pierre est là.

4 Reemplace el presente por el futuro próximo.

Exemple : Vous avez de la famille pour Noël ? → **Vous allez avoir** de la famille pour Noël ?

1. Tu es plus attentif maintenant. → ....
2. Nous partons. Il est tard ! → ....
3. Il finit son stage en juillet. → ....
4. Christine reprend ses études. Tu le savais ? → ....
5. Les Thierry achètent un appartement dans le centre. → ....
6. Vous lisez ce roman de 800 pages ? → ....

5 Forme seis frases con *venir de* + infinitivo, a partir del cuadro siguiente.

Exemple : **Vos amis viennent de téléphoner.**

Je Gabriel Lucie Vos amis	venir de	arriver partir téléphoner

6 Utilice *aller* + infinitivo o *venir de* + infinitivo, si es posible.

Exemples : Je travaille, en ce moment. → (no es posible)
         Demain, je reste chez moi. → **Demain, je vais rester chez moi.**

1. Nous sommes le jeudi 23 mai. → ....
2. Ce soir, je regarde un reportage intéressant sur la Route de la Soie. → ....
3. Nous avons pris une bonne décision. → ....
4. Le spectacle commence à quelle heure, s'il vous plaît ? → ....
5. Tu es fatigué ? Pourquoi ? → ....
6. Il a envoyé beaucoup de messages, tout à l'heure. → ....

7 Complete las frases con *commencer à* y *finir de*, en el presente, según las indicaciones.

Exemple : .... travailler maintenant ; ce travail va être long. (ils)
         —> **Ils commencent à** travailler maintenant ; ce travail va être long.

1. .... ranger et je suis prêt. (je)
2. .... faire nos devoirs, puis nous pouvons jouer. (nous)
3. .... travailler pour son examen ; elle va le passer en juin prochain. (elle)
4. .... manger calmement, vous avez le temps. (vous)
5. .... dire des bêtises, arrête ! (tu)
6. .... préparer son exposé ; il va parler dans cinq minutes. (il)

Ici on parle français

Aquí se habla francés

- El pronombre francés *on* no tiene equivalente directo en español. Posee un valor impreciso y puede referirse a una o a varias personas en función del contexto de comunicación. Equivale así a:

  - alguien:

    Tiens ! On sonne. Tu vas ouvrir ? **(alguien llama)**

  - la gente, las personas, un grupo de personas:

    On dit que le gouvernement va démissionner.
    (Se dice que/Dicen que…)
    Ici on parle allemand. **(Aquí se habla…)**

  - *nous,* en los intercambios orales corrientes:

    On va au cinéma ? **(¿Vamos al cine?)**

- *On* se utiliza únicamente como sujeto y con verbos en persona 3, incluso si se refiere a un colectivo (plural). Se dice por tanto:

  Au Chili, on craint les tremblements de terre. **(En Chile, se temen los terremotos.)**

- Si *on* significia *nous*, hay concordancia de género y número:

  *Elsa et moi, on est content**s**/content**es** d'être en vacances.*
  *Elsa et moi, on est part**is**/part**ies** de bonne heure.*

- Si *on* significia la gente, no hay concordancia:

  On est toujours content d'être en vacances.

1 **Lea las frases y marque con una cruz verdadero *(vrai)* o falso *(faux).***

   1. On voudrait des glaces.

   2. On a encore deux semaines de cours.

   3. On parle russe dans ce magasin.

   4. Tiens, on sonne à la porte !

   5. En France, généralement, on mange entre sept et huit heures, le soir.

   6. On dit que la nouvelle bibliothèque ouvre en mars.

	Vrai	Faux
a. Le pronom *on* correspond toujours à plusieurs personnes.	☐	☐
b. Les verbes sont à la personne 3.	☐	☐

2 Transforme las frases utilizando *on*.

Exemple : *Nous allons à Deauville, ce week-end.* → **On va** *à Deauville, ce week-end.*

1. Nous sommes invités au mariage de mon cousin Kevin. Super ! → ....

2. Ici les commerçants parlent allemand. → ....

3. Tu entends ? Quelqu'un crie à côté. → ....

4. Nous arrivons tout de suite. → ....

5. Quand il fait chaud, les gens sortent le soir. → ....

6. Quelqu'un oublie régulièrement de fermer la porte de l'immeuble. → ....

3 En este ejercicio, haga lo contrario : utilice *nous, quelqu'un*, o un grupo de personas (*les Français, les gens, la famille…*) como sujeto de las frases, según convenga.

Exemple : *On prend un taxi ?* → **Nous prenons** *un taxi ?*

1. On demande à voir le directeur. → ....

2. On habite Bruges depuis longtemps ! → ....

3. On a une belle devise : *Liberté, Égalité, Fraternité !* → ....

4. On va à la mer, samedi. → ....

5. On invite Magali dimanche ? → ....

6. On proteste à cause de la crise. → ....

4 Complete las frases con los verbos indicados y utilice *on* como sujeto.

Exemple : ...., *il est tard !* (rentrer, présent) → **On rentre**, *il est tard !*

1. .... ces fleurs pour toi. (apporter, *passé composé*)

2. En France, ... l'université à dix-huit ans. (commencer, *présent*)

3. .... d'acheter le journal. (oublier, *passé composé*)

4. Et là, quelle rue .... ? (prendre, *présent*)

5. Pour le Jour de l'An, ... des chocolats, en France. (offrir, *présent*)

6. Chérie, ... de la visite ! (avoir, *présent*)

5 Marque con una cruz los sonidos de las vocales nasales que oiga: [ɛ̃] como en *main*, [ã] como en *champ*, [ɔ̃] como en *bon*.

Exemple : *On a retrouvé mes clés !* → **[ɔ̃]**

	[ɔ̃]	[ã]	[ɛ̃]
1.	☐	☐	☐
2.	☐	☐	☐
3.	☐	☐	☐
4.	☐	☐	☐
5.	☐	☐	☐
6.	☐	☐	☐

Gagnez des millions !
¡Gane millones!

- La noción de cantidad puede indicarse mediante un número, empleando los adjetivos cardinales.

- **De *zéro* a *seize* (16)**

    Son los siguientes: *zéro* (**0**), *un* (**1**), *deux* (**2**), *trois* (**3**), *quatre* (**4**), *cinq* (**5**), *six* (**6**), *sept* (**7**), *huit* (**8**), *neuf* (**9**), *dix* (**10**), *onze* (**11**), *douze* (**12**), *treize* (**13**), *quatorze* (**14**), *quinze* (**15**), *seize* (**16**).

     Seize no es un nombre compuesto (decena + unidad). En cambio, en español, sí (dieciséis).

- **De *dix-sept* (17) a *soixante-neuf* (69)**

    Dix-sept (**17**), *dix-huit* (**18**), *dix-neuf* (**19**) son nombres compuestos (decena + unidad) como en español. *Vingt* (**20**), *trente* (**30**), *quarante* (**40**), *cinquante* (**50**), *soixante* (**60**).

    Las decenas siguientes se forman del modo siguiente: *vingt et un* (**21**), *vingt-deux* (**22**), *vingt-trois* (**23**)…, *trente et un* (**31**), *trente-deux* (**32**)… hasta *soixante-neuf* (**69**).

- **Decenas 70, 80 y 90**

    Se utilizan nombres compuestos: *soixante-dix* (**70**), *soixante et onze* (**71**), *soixante-douze* (**72**)… *quatre-vingts* (**80**) lleva un *-s* final, pero no los siguientes nombres compuestos de dicha decena: *quatre-vingt-un* (**81**)… y de la decena siguiente: *quatre-vingt-dix* (**90**), *quatre-vingt-onze*… hasta *quatre-vingt-dix-neuf* (**99**).

     En Bélgica y en Suiza, para dichas decenas, se utiliza un nombre simple y no compuesto: *septante (septante et un…), octante, nonante.*

- **Centenas:** *cent, deux cents, … neuf cents…* pero: *neuf cent dix/onze/douze…*

- **Millares:** *un millier de…*

- **Millones:** *million: cent millions de…*

     La consonante final de: *cinq, sept, neuf* se pronuncia siempre.

- *Six* y *dix* se pronuncian:

    - [sis], [dis], si el adjetivo es final de frase o emisión sonora: *Il habite au numéro soixante-six. Il est huit heures dix.*

    - [siz], [diz], si van seguidos de palabra comenzando por vocal *(liaison)*: *si**x** **e**uros, di**x** **a**ns*

    - [si], [di], si van seguidos de palabra comenzando por consonante: *si**x** **c**entimes, di**x** **c**entimes.*

- *Huit* se pronuncia:

    - [ɥit], delante de vocal: *Ils ont hui**t** **e**nfants !*

    - [ɥi], delante de consonante: *Dans ma classe, il y a huit garçons et sept filles.*

1 Marque con una cruz el sonido de *six, huit, dix* según lo que usted oiga.

	6			**8**		**10**		
	[sis]	[siz]	[si]	[ɥit]	[ɥi]	[dis]	[diz]	[di]
1. Un, deux, trois, quatre, cinq, six, sept, huit, neuf, dix.	☐	☐	☐	☐	☐	☐	☐	☐
2. Mathias a six ans.	☐	☐	☐	☐	☐	☐	☐	☐
3. Il est dix heures.	☐	☐	☐	☐	☐	☐	☐	☐
4. Six minutes et dix secondes avant la fin du match !	☐	☐	☐	☐	☐	☐	☐	☐
5. Huit élèves sont arrivés en retard aujourd'hui.	☐	☐	☐	☐	☐	☐	☐	☐
6. J'ai acheté huit gâteaux au chocolat, un chacun !	☐	☐	☐	☐	☐	☐	☐	☐

2 Escuche esta presentación radiofónica de la lotería europea *Euromillions*. Luego, escúchela de nuevo y responda a las preguntas.

1. Les jours du tirage de l'*Euromillions* sont…
   a. le samedi et le dimanche. ☐   **b.** le lundi et le jeudi. ☐   **c.** le mardi et le vendredi. ☐

2. Le premier tirage a lieu…
   a. le 3 janvier 2003. ☐   **b.** le 13 février 2004. ☐   **a.** le seize novembre 2001. ☐

3. Les cinq numéros gagnants de ce premier tirage…
   a. le 16 ☐   **b.** le 19 ☐   **c.** le 29 ☐
   d. le 41 ☐   **e.** le 32 ☐   **f.** le 46 ☐
   g. le 28 ☐   **h.** le 36 ☐   **i.** le 61 ☐

4. Au début les pays participants sont…
   a. trois. ☐   **b.** deux. ☐   **c.** treize. ☐

5. Le record des gains est de…
   a. 120 millions d'euros. ☐   **b.** 104 millions d'euros. ☐   **c.** 185 millions d'euros. ☐

6. La date de ce tirage-record est…
   a. le 12 juillet 2011. ☐   **b.** le 2 juin 2012. ☐   **c.** le 22 juillet 2001. ☐

3 Lea las sumas siguientes en voz alta y escriba el resultado.

Exemples : $13 + 12 = 25$ → ***treize plus douze égalent vingt-cinq***

1. $7 + 25 = 32$ → ....
2. $41 + 32 = 73$ → ....
3. $80 + 16 = 96$ → ....
4. $37 + 200 = 237$ → ....
5. $29 + 30 = 59$ → ....
6. $13 + 3 = 16$ → ....

4 Traduzca las frases al francés.

1. Yo he nacido el 12 de junio de 1982, ¿y tú? → ....
2. En Francia, el 14 de julio es fiesta nacional. → ....
3. ¿Has visto el precio de esa casa? Novecientos cincuenta y cuatro mil euros!
   ¡Qué barbaridad! (qué barbaridad = *c'est de la folie*) → ....
4. Los periódicos han subido de precio; ahora cuestan casi todos un euro veinte o un euro
   treinta. (subir de precio = *augmenter*) → ....
5. El domingo es el cumpleaños de mi bisabuela: ¡cumple ciento tres años! (bisabuela =
   arrière-grand-mère) → ....
6. Hago catorce kilómetros en bici todos los días. (en bici = *à vélo*) → ....

A, à et ou, où
A, à y ou, où

- Hay que distinguir:

    - el acento tónico, que implica un aumento de la intensidad o un mayor relieve de la pronunciación de una sílaba en una palabra;

    - el acento gráfico (tilde), que es un signo que se coloca sobre determinadas vocales.

- En francés es siempre la última sílaba de una emisión sonora (no de una palabra) la que lleva el acento tónico:

    Quel beau panorama ! (acento tónico en la última sílaba)

- En el caso de **à**, el acento gráfico sirve para distinguir *a* (persona 3 del verbo *avoir*) y *à* (preposición de lugar), *la* (artículo) y *là* (adverbio):

    Il a sommeil.
    Tu vas à Bruxelles demain ?
    La lettre a porte parfois un accent.
    Mets-le là.

- En el caso de **où**, el acento gráfico sirve para distinguir *ou* (conjunción: o) y *où* (adverbio o pronombre: donde, en donde):

    Tu veux une glace ou un gâteau ?
    Mais où est mon portable ?

1 Añada el acento grave sobre la *a*, si es necesario.

Exemple : *J'ai rendez-vous avec Grégoire a deux heures.* → *J'ai rendez-vous avec Grégoire **à** deux heures.*

1. Nous sommes a Bruges et il fait beau.
2. Nathan a rendez-vous avec Arthur a la station Opéra.
3. Aziz et Juliette vont a la même école.
4. Il a les cheveux blonds.
5. Mais qu'est-ce qu'elle a ? Elle n'est pas bien ?
6. Est-ce que Charles a notre nouvelle adresse ?

2 Complete con *a* o *à*.

Exemple : *Jade ...... des amis ...... Bruxelles.* → *Jade **a** des amis **à** Bruxelles.*

1. Il va ...... Lyon toutes les semaines.
2. Maxime ...... un petit frère, Christian.
3. Elle ...... demandé ...... la vendeuse si la boutique est ouverte le dimanche.
4. S'il vous plaît, monsieur, la rue des Petites Écuries est ...... droite ou ...... gauche ?
5. Il faut faire les courses ; il n'y ...... plus rien ...... la maison !
6. Je voudrais parler ...... la directrice, s'il vous plaît.

3 Añada el acento grave sobre *la*, si es necesario.

Exemple : *Les clés sont la, sur la porte.* → *Les clés sont **là**, sur la porte.*

1. La rue des Martyrs est dans le neuvième arrondissement de Paris.
2. Je suis fatigué, je reste la.
3. Alors, la, vous exagérez, mon ami !
4. La route pour Carcassonne est la première, à gauche.
5. Tu es la demain matin ?
6. Ici, notre chambre, la, la chambre des enfants.

4 Añada los acentos que faltan.

Exemples : *Ou a lieu le debat ?* → *__Où__ a lieu le **débat** ?*
Il fait beau ou mauvais a Sevres aujourd'hui ? → *Il fait beau ou mauvais **à Sèvres** aujourd'hui ?*

1. Tu veux rester a la maison ou sortir ?
2. Revenez plus tard, s'il vous plaît.
3. Je telephone ou j'envoie un mail a Martial ?
4. Vous voulez dejeuner maintenant ou plus tard ?
5. Tes parents vivent ou ?
6. Ou tu fais tes courses ?

5 Escuche y complete el texto.

Le jardin est grand : .... , ... gauche, il y .... la petite maison en bois pour les enfants ; .... droite, le potager avec des légumes : tomates, salades, etc. ...., ils poussent bien et sans produits chimiques. Dans .... partie sud, nous avons des plantes méditerranéennes, un citronnier et un olivier ; vers le nord, il y .... du jasmin .... des rosiers.
On doit s'............ du jardin surtout à la fin de l'hiver. Cette .... par exemple, j'ai taillé mon ....

Il pleut !

¡Está lloviendo!

- Algunos verbos se conjugan únicamente con la persona 3 y se construyen con el pronombre *il* (masculino singular), que es un pronombre "vacío" (no representa a nadie ni a nada); por ello, se les llama verbos "im-personales" (y el pronombre es "impersonal").

EL TIEMPO QUE HACE

- Algunos verbos impersonales sirven para describir el tiempo que hace (*pleuvoir, neiger…*):

  Il pleut depuis une semaine.
  Il a neigé toute la nuit.

- También se puede utilizar el verbo *faire* (+ *beau, mauvais, chaud, froid, doux, humide…*) en su forma impersonal:

  Demain il va faire beau, c'est sûr.

 Il fait jour corresponde a **es de día** y *il fait nuit* a **es de noche**.

LA HORA

- Para indicar la hora, se utiliza el verbo *être* en su forma impersonal:

  Oh ! Il est déjà huit heures dix. (**¡Vaya, ya son las ocho y diez!**)

- En francés, el verbo *être* (construido con *il*) no concuerda en plural como en español:

  Il est sept heures moins le quart. (**Son las siete menos cuarto.**)

 Se dice: *Il est onze heures cinq, quatorze heures douze,* y en cambio: *trois heures **et** quart, trois heures **et** demie.*

  Por tanto, no se dice: ~~Il est une heure et vingt.~~

---

1 **Elija la expresión correcta para completar las frases:** *il fait très chaud / faire frais / il a plu / il va faire froid / il fait beau / il neige / il pleut.*

> *Exemple : Quand .... beaucoup, il y a souvent des inondations ici.*
> → *Quand **il pleut** beaucoup, il y a souvent des inondations ici.*

1. Il commence à .... : l'automne arrive !
2. Dans mon village des Alpes, ... beaucoup l'hiver. Souvent un mètre !
3. En juillet, ... tout le temps : je n'ai pas quitté mon imperméable !
4. Dans le sud de l'Europe, ... l'été, on arrive à 40° C et plus !
5. Couvre-toi ! .... ce matin.
6. Quand ...., on va faire du vélo dans le parc à côté.

2 **Añada las expresiones de tiempo, en el presente.**

Exemple : .... *(faire doux) ce matin, c'est le printemps !*
→ *Il fait doux ce matin, c'est le printemps !*

1. Tiens, ... très fort (pleuvoir), c'est encore un orage !

2. Regardez ! .... (neiger)

3. .... (2 h), nous pouvons rester encore un peu.

4. .... (minuit). Au lit !

5. D'accord. Si demain .... (faire beau), nous allons en forêt.

6. Quand .... (faire chaud), on ferme les volets.

3 **Lea las frases y marque con una cruz verdadero (*vrai*) o falso (*faux*).**

– Quelle heure est-il ? – Il est...

trois heures.
deux heures cinq.
huit heures et quart / huit heures quinze.
neuf heures et demie / neuf heures trente.
cinq heures moins vingt / seize heures quarante.
six heures moins le quart / cinq heures quarante-cinq.

	Vrai	Faux
a. Pour demander et donner l'heure, le verbe *être* est au pluriel.	☐	☐
b. L'heure est indiquée sans article.	☐	☐
c. Après le nombre (3, 2, 8...), on n'ajoute pas *heures*.	☐	☐

4 **Escriba la hora indicada, según el ejemplo.**

Exemple : 14 h 00 → *expression ordinaire : Il est deux heures. /*
expression " officielle " : Il est quatorze heures.

                expression ordinaire   expression " officielle "

1. 13 h 15 → .... / ....

2. 13 h 40 → .... / ....

3. 21 h 10 → .... / ....

4. 13 h 30 → .... / ....

5. 23 h 45 → .... / ....

6. 18 h 27 → .... / ....

5 **Escuche y marque con una cruz el sonido que Vd. oiga: [ɛ], como en *faire*, [œ] como en *neuf*.**

	[ɛ]	[œ]
1.	☐	☐
2.	☐	☐
3.	☐	☐
4.	☐	☐
5.	☐	☐
6.	☐	☐

Non, je ne regrette rien !

¡No me arrepiento de nada!

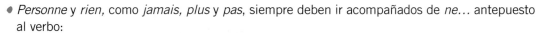

- Existen diversas posibilidades para expresar un sentido negativo: no (*pas*), nadie (*personne*), nunca (*jamais*), nada (*rien*), ya no (*plus*)... (→ *Ficha 22*).

    Nous avons faim. / *Nous **n'**avons **pas** faim.*
    J'ai vu quelqu'un. (alguien) / *Je **n'**ai vu **personne**.* (nadie)
    Ils viennent toujours à Noël. / *Ils **ne** viennent **jamais** à Noël.*
    Tu as perdu quelque chose ? (algo) / *Tu **n'**as **rien** perdu ?* (nada)
    Il parle encore. / *Il **ne** parle **plus**.*

- *Personne* y *rien*, como *jamais, plus* y *pas*, siempre deben ir acompañados de *ne...* antepuesto al verbo:

    *Personne **n'**a appelé ?* *(sujet)*
    *On **n'**entend plus personne à cette heure.* *(objet)*
    *Rien **ne** marche ici.* *(sujet)*
    *Tu **ne** vois rien là-bas ?* *(objet)*

- *Personne* niega la existencia de humanos (nadie), *rien* niega la existencia de inanimados (nada), y *jamais* niega que algo se haya producido alguna vez (nunca).

    ⚠ *Personne, rien* y *jamais* ocupan el lugar de la negación *pas*, y por tanto no pueden ir construidos con *pas* conjuntamente.

    Je n'invite personne à ma fête. (y no: ~~Je n'invite pas personne à ma fête.~~)
    On n'a rien vu. (y no: ~~On n'a pas rien vu.~~)
    Elle n'est jamais à l'heure. (y no: ~~Elle n'est pas jamais à l'heure.~~)

---

❶ Localice los términos negativos *ne... plus / jamais / rien / personne*. Luego, una con una flecha los elementos opuestos (positivos / negativos)

Exemple : *Tu travailles encore chez L'Oréal ? – Non je **ne** travaille **plus** chez l'Oréal.*

1. Lui, il parle toujours. Elle, elle ne parle jamais.
2. – Tu sors avec quelqu'un, en ce moment ? – Non, je ne sors avec personne.
3. – Il s'intéresse à quelque chose ? – Non, malheureusement, il ne s'intéresse à rien.
4. – Quelqu'un a appelé pour moi ? – Non, personne n'a appelé.
5. – Quelque chose a changé ici ? – Non, rien n'a changé.

Exemple : encore → **ne... plus**

      +   **–**

1. toujours   a. ne... plus
2. quelqu'un   b. ne... rien / rien... ne
3. quelque chose   c. ne... personne / personne... ne
4. encore   d. ne... jamais

2 Ponga las frases en la forma afirmativa.

Exemple : *Il ne sait rien sur cette affaire.* → *Il sait quelque chose sur cette affaire.*

1. Juan Carlos ne dit jamais non. → ....

2. Personne ne s'oppose à leur projet. → ....

3. Mes amis ne regrettent plus leur départ. → ....

4. Tu ne penses à rien de particulier ? → ....

5. Héloïse n'a vu personne pour son prêt. → ....

6. Vous n'écoutez jamais les conseils. → ....

3 Una las dos partes de cada frase.

Exemple : *1. Vous n'allez plus*   *a. à la piscine ?*

     → *Vous n'allez plus à la piscine ?*

1. Tu ne vois plus   a. la règle du pluriel des mots composés.

2. Je n'ai jamais compris   b. Émilien ? Vous êtes fâchés ?

3. Pourquoi Alicia ne répond jamais   c. bonjour ; c'est désagréable !

4. On n'a plus   d. de café. On va boire du thé.

5. Les nouveaux voisins ne disent jamais   e. en banlieue. On a déménagé dans le centre-ville.

6. Nous n'habitons plus   f. aux mails ?

4 ¡Diga lo contrario!

Exemples : *Vous voulez quelque chose.* → *Vous ne voulez rien ?*

     Quelque chose me dit que j'ai raison. → *Rien ne me dit que j'ai raison.*

1. Pour ce poste, tu penses à quelqu'un ? → ....

2. Quelque chose peut changer, j'en suis sûr. → ....

3. Elle propose quelque chose d'intéressant. → ....

4. Vous attendez quelqu'un ? → ....

5. Nous avons quelque chose pour vous. → ....

6. Quelqu'un est au courant de cette histoire ? → ....

5 Componga seis frases en el presente con *ne... jamais* y *ne... plus*, a partir del cuadro.

Exemple : *Ils ne voyagent jamais.*

Ils Arthur Vous	ne... jamais ne... plus	parler voyager *(présent/passé composé)* travailler

6 Forme frases negativas con el presente de los verbos, a partir de las indicaciones.

Exemple : *Il / ne jamais avoir froid* → *Il n'a jamais froid.*

1. Anne / ne plus trouver / sa montre → ....

2. Personne / ne savoir / où il est → ....

3. Rien / ne être impossible ! → ....

4. Nous / ne jamais travailler / le dimanche → ....

5. Ils / ne plus avoir peur → ....

6. Tu / ne personne inviter ? → ....

7 Escuche la grabación del ejercicio n° 6 y verifique la corrección de su ejercicio.

Il faut manger pour vivre...

Hay que comer para vivir...

- El verbo *falloir* (haber que, hacer falta...) es siempre impersonal, pero se conjuga en todos los tiempos:

    - El presente es *il faut*:

        Est-ce qu'il faut des fruits ? (¿Hacen falta frutas?)

    - El pretérito perfecto *(avoir + participio pasado)* se hace con el participio pasado *fallu*:

        Il a fallu faire vite. (Ha habido que hacerlo deprisa.)

    - El imperfecto es *il fallait* (⟶ *Ficha 51*):

        Il fallait sortir tôt. (Había que salir temprano.)

    - El futuro y el condicional son *il faudra* y *il faudrait*:

        Il faudra répondre. (Habrá que responder.)
        Il faudrait un peu plus d'intelligence. (Haría falta algo más de inteligencia.)

⚠ En francés, el verbo impersonal permanece invariable, en la persona 3 (⟶ *Ficha 35*), mientras que en español, concuerda con el sujeto "real":

    Il faut quelles études pour devenir pilote ? (¿Qué estudios hacen falta para ser piloto?)

- *Il faut* puede ir seguido de:

    - *de* + nombre; tiene entonces el sentido de: *avoir besoin de...* (necesitar, hacer falta):

        Il faut du courage pour dire ça ! (¡Hace falta valor para decir eso!)
        Pour faire la tarte Tatin, il faut des pommes.

    - un verbo en infinitivo, y significa entonces una obligación: *il est nécessaire de faire, d'avoir...* (es necesario, hay que...):

        Il faut partir maintenant.
        Il ne faut pas dire ça ! (¡No hay que decir eso!)

- Para la expresión de la obligación: *devoir* (⟶ *Ficha 52*).

1 Subraye las formas del verbo *falloir* y conteste la pregunta.

Il fait	Il a fallu	il a fêté	Il ferait
Il fallait	Il faudrait	Il fêterait	Il faisait
Il a fait	Il ferait	Il faut	

Quels sont les infinitifs des autres formes verbales ?

....

2 Lea las frases y marque con una cruz la respuesta correcta.

Il faut est équivalent à...

1. Il faut fermer les fenêtres ; il y a des courants d'air. *vouloir* □ *être obligatoire / nécessaire* □

2. Il faut du shampooing ? *être nécessaire* □ *désirer* □

3. Il faut écouter les gens, tu sais. *être obligatoire / nécessaire* □ *manquer* □

4. Il faut du courage pour faire ça. *avoir besoin* □ *vouloir* □

5. Il faut absolument être à la maison à huit heures. *manquer* □ *être obligatoire / nécessaire* □

6. Il faut appeler un plombier tout de suite. *être obligatoire / nécessaire* □ *vouloir* □

3 Complete con *falloir*, en el presente, según las indicaciones (forma interrogativa/afirmativa/negativa).

Exemple : acheter le journal (forme interrogative) → **Est-ce qu'il faut acheter le journal ?**

1. prendre une décision maintenant (forme interrogative) → ....

2. déranger Mélanie, elle travaille. (forme négative) → ....

3. deux personnes pour transporter cette armoire. (forme affirmative) → ....

4. Les impôts ! oublier de payer. (forme négative) → ....

5. réfléchir un peu plus. (forme affirmative) → ....

6. des enveloppes blanches (forme interrogative) → ....

4 Transforme las frases utilizando *falloir* en vez de *devoir* y viceversa.

Exemple : On doit sortir le chien, n'oublie pas ! → **Il faut sortir le chien, n'oublie pas !**

1. Pour ouvrir la porte, on doit tourner la clé doucement. → ....

2. Il faut suivre scrupuleusement les instructions. → ....

3. Comme le tram est plein, il faut attendre le suivant. C'est comme ça ! → ....

4. On doit refuser cette offre, voyons ! → ....

5. Il faut prévenir tout le monde alors. → ....

6. Il faut partir. Eh oui ! → ....

5 Forme seis frases a partir del cuadro.

Exemple : **Il faut appeler le Service Clients entre 9 h et 19 h.**

Falloir (au présent) Devoir : personnes 1 *je dois*, 4 *nous* *devons*, 6 *ils doivent*	appeler faire acheter rester boire	le Service Clients, entre 9 h et 19 h du jus de fruit et du pain vite calme/s deux litres d'eau par jour

À la saison des fleurs
En la estación de las flores

LA FECHA

● Las expresiones que indican la fecha llevan el artículo determinado pero se omite la preposición *de*:

> *Il est né le 8 février 1994.* (Nació el 8 de febrero de 1994).
> *Aujourd'hui, on est le 10 janvier.* (Hoy estamos a 10 de enero).
> *Il a rendez-vous le 15 avril.* (Tiene cita el 15 de abril).

Ahora bien, se dice: *Aujourd'hui, nous sommes / on est lundi (mardi, mercredi, jeudi…).* (Hoy es lunes…)

● Para indicar el año, se utiliza la preposición *en*, como en español:

> *Je suis née en 1989.* (Nací en 1989.)

● La duración (entre una fecha y otra fecha) se expresa con *de* (+ fecha) *à* (+ fecha):

> *Il a vécu à Alicante de 2006 à 2009.*

● Para indicar la fecha con los meses del año las construcciones son las siguientes:

> *Je suis arrivé ici en juin.* (en + nombre del mes)
> *Je suis arrivé ici au mois de mai.* (au mois de + nombre del mes)

LAS ESTACIONES

● Tres estaciones (*l'été, l'automne, l'hiver*) se construyen con la preposición *en*, la cuarta (*le printemps*) con la preposición *à* y el artículo *le* (*à* + *le*: *au*):

> *En automne et en hiver, c'est toujours pareil : il pleut ! Mais au printemps et en été, il fait beau !*

LOS MOMENTOS DEL DÍA

● Un momento del día se expresa con *ce* + parte del día: *ce matin, cet après-midi, ce soir, cette nuit…*:

> *D'accord ! J'arrive ce soir.*

● Un hecho repetido se expresa con el artículo determinado, mientras que en español debe utilizarse la preposición *por*:

> *Le matin, je me promène ; l'après-midi, je fais une sieste…* (Por la mañana, doy un paseo; por la tarde, me echo una siesta…)

● Para indicar la hora que es, se utiliza *il est* + hora (⟶ *Ficha 35*).

● Para indicar la hora a la que ocurre un hecho, se utiliza *à* + *heure*:

> *La banque ferme à dix-sept heures quinze.* (a las cinco)

1 Responda a las preguntas.

Exemple : Tu es né/e quand ? → **Je suis né le 20 juin 1995.**

1. Quel jour on est aujourd'hui ? → ....

2. Combien d'années a duré la Seconde Guerre Mondiale ? (1939-1945) → ....
....

3. Jusqu'à quel jour peut-on s'inscrire aux cours de théâtre ? (25/10) → ....

4. L'élection du Président de la République, c'était quel mois déjà ? (mai) → ....

5. Quel jour est-ce qu'on célèbre la Journée européenne des langues ? (26/09) → ....

6. En quelle année on l'a fêtée pour la première fois ? (2001) → ....

2 Reúna las dos partes de cada frase.

Exemple : 1. Gautier est   *a. arrivé ce matin.* → **Gautier est arrivé ce matin.**

1. Stanislas et Myriam se sont

2. Vous êtes

3. Il est

4. Mon contrat finit

5. Au mois de novembre, le troisième jeudi, c'est

6. Hier soir, on a

a. la fête du Beaujolais nouveau.

b. mariés le 14 novembre 2009. Ça fait déjà quelques années !

c. rentrés à Paris le 29, c'est ça ?

d. dîné chez les Guyot.

e. le 31 juillet.

f. huit heures et demie : notre série commence dans quelques minutes.

3 Traduzca las frases al francés.

1. Paul termina a las 2. ¿Puedes ir a buscarle? → ....

2. Llegamos aquí en 2010, en el mes de agosto. → ....

3. ¿A qué día estamos hoy, a 3 o a 4? → ....

4. La fiesta nacional belga se celebra el 21 de julio. → ....

5. En primavera, los estudiantes tienen dos semanas de vacaciones. → ....

6. El 11 de septiembre de 2001 es una fecha histórica. Pero también hay el 11 de septiembre de 1973, fecha de la muerte de Salvador Allende, en Chile. → ....

4 Ponga las contestaciones de esta conversación en el orden adecuado.

Conversation entre Adrien et sa femme Anaïs.

– Tu sais, on peut payer par Internet et on a jusqu'à la fin du mois. → **2**

– C'est normal, notre revenu aussi a augmenté ! → ...

– On va demander de l'aide à Lucas ; lui, il sait tout faire sur Internet. → ...

– Avec ou sans Internet, de toute façon, cette année on a environ cinq pour cent de plus à payer. → ...

– Oui, c'est vrai, mais on ne l'a jamais fait par Internet. → ...

– Oh la la ! On est déjà le 10 ! On doit payer les impôts le 15 mai, au plus tard. Il ne faut pas oublier. → ...

5 Escuche la grabación del ejercicio n° 4 y verifique la corrección de su ejercicio.

Je le sais !

¡Lo sé!

- Las formas de los pronombres personales sujeto *je, moi, tu, toi*, etc., (→ *Ficha 14*) son diferentes de los pronombres de complemento de objeto directo (COD), excepto para *nous* y *vous*, tal como puede verse en el cuadro siguiente:

	Sujeto (forma átona)	Forma tónica	Forma de COD
1	je	moi	me / m'
2	tu	toi	te / t'
3	il	lui	le / l'
	elle	elle	la
4	nous	nous	nous
5	vous	vous	vous
6	ils	eux	les
	elles	elles	

- *Me, te, le* se eliden (*m', t', l'*) delante de una palabra que comienza por un vocal:

  On l'a vite terminé, l'exercice. (**Lo hemos terminado pronto, este ejercicio.**)

- *Me, te* se transforman en *moi, toi* en imperativo (frase afirmativa):

  *Appelle-**moi** demain.*

- La forma *le* puede remplazar un verbo, una frase (y corresponde al pronombre neutro español lo):

  Laver la voiture ? Bien sûr, je l'ai fait. (**…lo he hecho.**)
  *On **le** savait.* (**Lo sabíamos**).

- Los pronombres objeto directo se colocan:

  - **delante del verbo**, o del verbo auxiliar en los tiempos compuestos:

    *Tu **nous** invites à ta fête ?*
    *Je **l'ai** déjà vu, ce film.*

  - **delante de un infinitivo,** mientras que en español se colocan detrás:

    *Il faut **le** laisser tranquille.* (**Hay que dejarlo tranquilo.**)
    *Tu dois **m'**accompagner à la gare.* (**Tienes que acompañarme a la estación.**)

  - **detrás del verbo** en imperativo afirmativo:

    *Regarde-**le**. Invite-**moi** au restaurant !*

1 Reemplace el pronombre personal objeto directo, según las indicaciones.

Exemple : Nous t'avons vu de loin, hier. (il) → **Nous l'avons vu de loin, hier.**

1. Nous l'observons depuis un moment. (ils) → ....

2. Ils nous invitent dans leur maison de campagne. (je) → ....

3. Elle vous regarde fixement. Pourquoi donc ? (tu) → ....

4. Entendu, nous les prévenons tout de suite. (elle) → ....

5. Appelle-la au bureau alors. (nous) → ....

6. Laissez-nous parler ! (elles) → ....

2 Traduzca las frases al francés.

1. ¿Vicente? Le vemos pronto ¿no? → ....

2. A esta planta le falta agua; voy a regarla. (faltar = *manquer de quelque chose*, regar = *arroser*) → ....

3. Hélène no está bien. Llámala. → ....

4. La fruta. La compramos mañana. (la fruta = *les fruits*) → ....

5. Tus fotos de Egipto, ¿las vemos luego? → ....

6. El museo no era grande. Lo hemos visitado en menos de una hora. → ....

3 Reemplace las palabras en cursiva por el pronombre personal correspondiente.

Exemple : Ils connaissent bien cette région. → **Ils la connaissent bien.**

1. Enlève *ton manteau* et installe-toi confortablement. → ....

2. On va voir *l'exposition sur les Nazcas* demain. → ....

3. Vous voyez *les commerciaux* toutes les semaines ? → ....

4. Finalement, madame Mavel a appelé *le docteur*. → ....

5. Les enfants montrent *leurs jouets* à leurs petits amis. → ....

6. Nous apprécions beaucoup *sa sincérité*. → ....

4 Escuche la grabación del ejercicio nº 3 y verifique la corrección de su ejercicio.

5 Complete con el pronombre en su forma de objeto directo, según las indicaciones.

Exemple : Il .... aime bien. (tu) → Il **t'aime** bien.

1. Je .... présente à mes amis ? (vous)

2. Il .... appelle tous les jours. (nous)

3. Elle .... a écouté avec attention. (il)

4. Ils .... regardent avec insistance. (tu)

5. Accompagne-......... à la Poste ! Tu veux bien ? (je)

6. Fabien .... estime beaucoup. (ils)

6 Responda a las preguntas, reemplazando los sustantivos por los pronombres personales correspondientes.

Exemple : – Tu as vu Stéphane ? → **– Oui, je l'ai vu hier.**

1. – On met ce fauteuil devant la télé ? → ....

2. – Vous remplissez ces fiches, s'il vous plaît ? → ....

3. – Tu regardes l'émission du samedi soir ? → ....

4. – Vous avez croisé le facteur ? → ....

5. – Tu as salué monsieur Marceau ? → ....

6. – Est-ce que vous avez remercié Alexandre ? → ....

Je leur dis tout
Se lo digo todo

- Las formas de los pronombres personales de complemento de objeto indirecto (COI) son diferentes de los pronombres personales de objeto directo (→ *Ficha 39*) en las personas 3 y 6:

Persona	Forma tónica	Sujeto (átono)	COD	COI
1	je	moi	me	**me**
2	tu	toi	te	**te**
3	il, elle, on	lui, elle	le, la	lui
4	nous	nous	nous	**nous**
5	vous	vous	vous	**vous**
6	ils, elles	eux, elles	les	leur

*Je **lui** ai parlé calmement.*

*Tu **leur** as montré les photos ?*

- *Lui* (masculino y femenino) se corresponde con "le" en español y *leur* se corresponde con "les".

 ¡Recuerde! No se dice: ~~Je le / les parle.~~ (= a tu hermana, a tus amigas), sino: *Je **lui** / **leur** parle.*

Y debe decirse: *Je **lui** téléphone.* (y no ~~Je téléphone à lui / à elle~~).

- *Me, te* se transforman en *moi, toi* en imperativo (frase afirmativa):

   *Explique-**moi** cette règle, s'il te plaît.*

- Los pronombres objeto indirecto se colocan:

   - **delante del verbo** o del verbo auxiliar en los tiempos compuestos:
      *Il **nous** <u>écrit souvent</u>.*
      *Je **lui** <u>ai téléphoné</u> ce matin.*

   - **delante de un infinitivo,** mientras que en español se colocan detrás:
      *Il faut **lui** <u>parler</u> calmement.* (Hay que <u>hablar**le**</u> con calma.)
      *Tu dois **m'**<u>expliquer</u> comment arriver chez toi.* (Tienes que <u>explicar**me**</u> cómo llegar a tu casa.)

   - **detrás del verbo en imperativo** afirmativo:
      *Téléphone-**moi** en fin d'après-midi.*

1 En ambas columnas, subraye los términos que corresponden a los COI.

*Exemple : J'ai dit **à Charlotte** que je l'attends* → *Je **lui** ai dit que je l'attends.*

1. Ils aiment beaucoup cet acteur.
2. Nous téléphonons aux pompiers tout de suite.
3. Il demande aux élèves de se taire.
4. Je mets cette veste ou pas ?
5. J'ai parlé de toi à mes parents.
6. Tu expliques la situation à Marie ?

Ils l'aiment beaucoup.
Nous leur téléphonons tout de suite.
Il leur demande de se taire.
Je la mets ou pas ?
Je leur ai parlé de toi.
Tu lui expliques la situation ?

2 Traduzca estas frases al francés.

1. ¿Les hablas a veces, a tus plantas? → ....
2. He visto a Alain y le he pedido que nos preste su máquina de fotos (pedir que + subj. = demander de + inf.) → ....
3. ¿Le has dicho, a Emilia, que estamos ocupados mañana? (estar ocupado = *être pris, être occupé*) → ....
4. Vete a darle las llaves de casa. No estaremos cuando vuelva. → ....
   ....
5. Emma ha enviado por correo, para Jean-Claude y para mí, un paquete con productos de Córcega. → ....
6. Mamá, ¿Le doy una moneda, a esta señora? (moneda = *pièce*) → ....

3 Transforme las frases reemplazando los términos en cursiva por los pronombres personales correspondientes.

Exemple : Qu'est-ce que tu offres à ton copain pour sa fête ? → *Qu'est-ce que tu **lui** offres pour sa fête ?*

1. Je voudrais écrire une lettre *à Christian*. → ....
2. Nous étions en train de parler *à Justine*. → ....
3. Le prof a expliqué *aux élèves* le théorème de Pythagore. → ....
4. J'ai téléphoné *à Fabrice*. Il vient avec nous, ce soir → ....
5. Il a parlé de ses projets d'avenir *à sa meilleure ami*e. → ....
6. Tu as dit *aux Guiraud* que la réunion est à 5 h. → ....

4 Inserte el pronombre personal en el lugar adecuado, según las indicaciones.

Exemple : Un passant a indiqué le chemin. (ils) → *Un passant **leur** a indiqué le chemin.*

1. Je téléphone tout de suite. (elles) → ....
2. Qu'est-ce que vous racontez, au juste ? (je) → ....
3. Ils expliquent tout. (vous) → ....
4. Ses colocataires disent qu'il faut partager les tâches dans l'appartement. (il) → ....
5. Octave demande souvent de tes nouvelles. (nous) → ....
6. Est-ce que tu as demandé la permission de rentrer tard ? (ils) → ....

5 Escuche las preguntas, diga las respuestas en voz alta, según el ejemplo. Luego, escríbalas.

Exemple : Tu as revu Luc hier ? → *– Oui, **je l'ai revu**.*

1. – Oui, ...
2. – Oui, ...
3. – Non, ...
4. – Oui, ...
5. – Oui, ...
6. – Non, ...

Je me souviens...

Me acuerdo...

- Los verbos llamados *pronominaux* (pronominales o reflexivos) poseen globalmente los mismos valores en ambas lenguas:

  Tu te lèves tôt ? (¿Te levantas temprano?)
  Je me rends compte de cela maintenant !
  (¡Ahora me doy cuenta de eso!)

- Pero los verbos pronominales no siempre coinciden en ambas lenguas: *rire*/**reírse**, *bouger*/**moverse**, *tomber*/**caerse**, *rencontrer quelqu'un*/**encontrarse con alguien**, *ressembler à quelqu'un*/**parecerse a alguien**, *rester*/**quedarse**... no son pronominales en francés y sí que lo son en español, mientras que *pasear*/**se promener**... no lo es en español (existe igualmente **pasearse**), y sí en francés.

- Se utilizan los pronombres *me, te, nous* y *vous* para las personas 1, 2, 4 y 5, y una forma de pronombre especial: *se* [sə] para las personas 3 y 6, como en español se [se].

  *Il **se** lave trois fois par jour.*

- *Se* se utiliza igualmente con el pronombre sujeto *on*:

  *On **se** voit souvent.*

⚠️ Las formas *me, te, se* se eliden delante de vocal inicial de la palabra siguiente *(m', t', s')*:

  *Je **m'**habitue assez bien à cette ville.* (Me acostumbro bastante bien a esta ciudad.)

- En los verbos en forma negativa, el orden es el siguiente:

  Je <u>ne me</u> souviens pas.

1 **Una las dos partes de las frases.**

Exemple : I. Ils   a. s'habillent en vitesse. → **Ils s'habillent en vitesse.**

1. Clément
2. Les voyageurs
3. Nous
4. Les deux sœurs
5. Vous
6. Aurélien,

a. se ressemblent beaucoup.
b. vous levez à midi, le dimanche ? Vraiment ?
c. se lave à l'eau froide, le matin.
d. tu te couches à quelle heure, d'habitude ?
e. se plaignent du retard.
f. nous occupons des courses. D'accord ?

2 Complete las formas pronominales de los verbos.

Exemple : Ils ......informent sur les horaires d'ouverture du musée.

→ *Ils **s'informent** sur les horaires d'ouverture du musée.*

1. On ...... tait, maintenant !

2. Maximilien ......excuse pour son retard.

3. Laure et Serge ...... quittent ; c'est décidé.

4. Clovis est petit ; il ne ...... rend pas compte du danger.

5. Tu ...... dépêches ?

6. Vous ...... trompez, je vous dis !

3 Ponga las palabras en orden.

Exemple : et Séverin / se / Pauline / dans la rue / rencontrés / sont / par hasard

→ *Pauline et Séverin se sont rencontrés dans la rue par hasard.*

1. souviens / te / du premier jour d'école / tu / est-ce que ? → ....

2. promène souvent / je / me / le long du Canal Saint-Martin. → ....

3. nous / étonnons / nous / de sa visite → ....

4. se / perdent / des groupes de randonneurs / dans la forêt, quand il y a du brouillard → ....
....

5. dis, je / comment / ce matin ? / habille / m' → ....

6. réveilles ? / te / tu / à quelle heure / demain → ....

4 Escuche las frases del ejercicio n° 3 y verifique la corrección de su ejercicio.

5 Traduzca las frases al francés.

1. Está siempre discutiendo con su hermano pequeño. (estar discutiendo = *se disputer*) → ....
....

2. El coche se detiene en el semáforo. → ....

3. Nos acostamos hacia las doce de la noche. → ....

4. ¡Te equivocas! → ....

5. Los corredores se acercan a la línea de llegada. (acercarse a = *s'approcher de*) → ....
....

6. Mustapha se acostumbra bastante bien al clima de Suecia. → ....

6 Transforme las frases, según las indicaciones.

Exemple : Tu te trompes. C'est tout. (elle) → *Elle se trompe. C'est tout.*

1. Nous nous félicitons de ta promotion ! (je) → ....

2. Sans carte, on va se perdre dans cette ville ! (vous) → ....

3. Est-ce que vous vous baignez, quand vous allez à la mer ? (tu) → ....

4. Il s'est adressé au Service des objets trouvés, pour sa valise. (ils) → ....

5. Mon père s'occupe d'import-export. (on) → ....

6. Je m'installe dans mon appartement, en août. (ils) → ....

Elle est partie !

¡Se fue!

- La mayoría de los verbos utilizan el auxiliar *avoir* para formar los tiempos compuestos:

    Tu as déjà mangé ?

    Nous avons été contents de les revoir.

- Ahora bien, algunos verbos utilizan el auxiliar *être*, y el participio pasado concuerda con el sujeto:

    ***Vous** êtes all**és** à la plage ce matin ?*

Son los siguientes:

- *entrer* (entrar) y *sortir* (salir):

    ***Elle** est entré**e**, elle m'a regardé avec surprise, puis **elle** est sorti**e**.*

- *venir* (venir) y *partir* (irse, marcharse):

    ***Tes parents** sont parti**s** par le train ou en voiture ?*

- *monter* (subir) y *descendre* (bajar):

    ***Ils** sont monté**s** sur le toit de la maison avec une échelle.*

- *arriver* (llegar):

    Le printemps est enfin arrivé !

- *rester* (quedarse) y *aller* (ir):

    *Elle n'est pas venue avec toi ? Non, **elle** est resté**e** toute seule à la maison.*

- *naître* (nacer) y *mourir* (morir)

    Victor Hugo est né en 1802 et est mort en 1885.

- Verbos principales que se conjugan con el auxiliar *être*:

aller	entrer	redescendre	retourner
apparaître	intervenir	remonter	sortir
arriver	monter	rentrer	survenir
décéder	mourir	repartir	tomber
descendre	naître	rester	venir
devenir	partir		

- Los verbos pronominales (→ *Ficha 41*) se conjugan igualmente con el auxiliar *être* y el participio pasado concuerda igualmente con el sujeto.

    ***Elle** ne s'est pas lev**ée** à l'heure.*

1 Cambie el sujeto y modifique el resto de la frase, si es necesario.

Exemple : Il est reparti tout de suite. (nous) → **Nous sommes repartis tout de suite.**

1. Nous sommes allés faire les vendanges, en Bourgogne. (ils) → ....

2. Nos voisins sont descendus dans le Midi pour le Nouvel An ! (notre voisin) → ....

3. Tu es allée quelque part ces derniers temps ? (Martine) → ....

4. La vente des portables a été importante, ce mois-ci. (les ventes) → ....

5. Les Kerlakhian sont restés toute la journée avec nous. (Monsieur Kerlakhian) → ....

6. Jocelyn est arrivé hier soir. (nous) → ....

2 Una las dos partes de las frases.

Exemple : I. Myriam et moi, nous   a. sommes nés le même jour.
    → **Myriam et moi, nous sommes nés le même jour.**

1. Voltaire

2. Ben, tu

3. Ma petite chatte

4. Nous

5. Ils

6. Il

a. es allé en Angleterre, finalement ?

b. est tombée de la fenêtre.

c. sommes allés voir notre tante, dimanche.

d. sont venus pour le défilé du 14 juillet.

e. est monté à pied, l'ascenseur était en panne.

f. est né en 1694, à Paris.

3 Escuche la grabación del ejercicio 2 y verifique la corrección de su ejercicio.

4 Ponga las frases en presente.

Exemple : J'ai été assez satisfait des résultats. → **Je suis assez satisfait des résultats.**

1. J'ai écrit un message à Bertrand pour sa fête. → ....

2. Nos amis sont allés au Canada, à Vancouver. → ....

3. Tu as réussi à le convaincre, toi ? → ....

4. La diffusion de cette nouvelle a été rapide. → ....

5. Vous avez eu un appel de Khiva, en Ouzbékistan, monsieur. → ....

6. Les Frémond ont été très gentils avec nous. → ....

5 Traduzca las frases al francés.

1. Miguel es empleado en el Ministerio de Economía. → ....

2. Su hija ha entrado en el Ejército. → ....

3. Mis compañeros se muestran muy amables conmigo. (amable = *aimable*) → ....

4. ¿Habéis estado en Brest últimamente? → ....

5. Estamos de vacaciones en Nouméa. ¡Magnífico! → ....

6. ¿Dónde habéis estado? → ....

6 Ponga las frases en pretérito perfecto.

Exemple : Boris rentre à Saint-Pétersbourg. → *Boris* **est rentré** *à Saint-Pétersbourg.*

1. Tu sais, Marion sort avec Luc. → ....

2. Il revient du Pérou. → ....

3. Pauline, tu descends à quelle station ? → ....

4. Nous allons chez les Helmer, à Mimizan. → ....

5. Elles partent à 19 h 30, de la Gare de l'Est. → ....

6. René et Pierre viennent nous dire bonjour. → ....

Qu'est-ce que vous dites ?
¿Qué está diciendo?

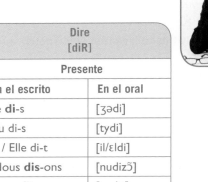

DIRE

- El verbo *dire* es irregular.

- El participio pasado es *dit*:

  J'ai dit la vérité et rien que la vérité.

- El imperativo es *dis, dites*:

  Dis-moi, tu es sûr de ça ? – Dites-lui de rester.

- El imperfecto se forma a partir de la raíz *dis-* (→ *Ficha 51*): *je disais, nous disions.*

- El futuro y el condicional utilizan la raíz *dir-* (→ *Ficha 10*):

  Il ne dira pas non ! – Vous diriez la même chose.

Dire [diR]	
Presente	
En el escrito	**En el oral**
Je **di**-s	[ʒədi]
Tu di-s	[tydi]
Il / Elle di-t	[il/ɛldi]
Nous **dis**-ons	[nudizɔ̃]
vous **dit**-es	[vudit]
Ils / Elles dis-ent	[il/ɛldiz]

 Dites *dites* et ne dites pas *disez*.

Pero *interdisez* (*interdire* = **prohibir**), *contredisez* (*contredire* = **contradecir**), *prédisez* (*prédire* = **predecir**).

- Los valores y las construcciones de *dire* y decir son similares excepto cuando *dire* = *demander*.

  *Dis-lui **d'**arrêter de faire du bruit.* (Dile <u>que</u> pare de hacer ruido.)

- Otras expresiones usuales:

  C'est vite dit (Eso se dice pronto).
  Dire du mal de quelqu'un (Hablar mal de alguien)
  On dirait que… (Parece que…)

EL FUTURO

- El futuro se forma generalmente a partir del infinitivo al que se añaden las terminaciones: *-ai, -as, -a, -ons, -ez, -ont* que son las mismas para todos los verbos. Si el infinitivo acaba en *-e* "muda", se suprime la *-e*:

  je parlerai, tu iras (*aller*), *il parlera, elle aura* (*avoir*), *nous serons* (*être*), *vous ferez* (*faire*), *elles finiront*

- En los intercambios orales corrientes en lugar del futuro, se utiliza muy a menudo el futuro próximo o inmediato (*aller* + infinitivo → *Ficha 31*):

  Il va dire que ça ne lui plaît pas.

Dire	
Futuro	
En el escrito	**En el oral**
Je dir-**ai**	[ʒədiRe]
Tu dir-**as**	[tydiRa]
Il / Elle dir-**a**	[Il/ɛldiRa]
Nous dir-**ons**	[nudiRɔ̃]
Vous dir-**ez**	[vudiRe]
Ils / Elles dir-**ont**	[il/ɛldiRɔ̃]

1 Escuche las formas de presente de *dire*, luego marque con una cruz la respuesta correcta.

À l'oral, il y a   a. 4 formes ☐   b. 5 formes ☐   c. 3 formes ☐

2 Escuche esta conversación y marque con una cruz las formas del verbo *dire* que Vd. oiga. Luego, escuche de nuevo y conteste a las preguntas.

Dites ☐   Nous disons ☐
Dis-moi ☐   On ne lui dira rien ☐
Elle dirait ☐   Ne dis rien ☐
Dire ☐   Elle dit ☐

1. De quoi parlent les deux jeunes femmes ?
a. D'un achat. ☐   b. D'un cadeau. ☐   c. D'un travail. ☐

2. Comment s'appelle la personne dont on parle ?
a. Floriane. ☐   b. Florence. ☐   c. Flore. ☐

3. À quoi pensent ses deux amies ?
a. À un abonnement aux musées. ☐   b. À un journal. ☐
c. Au cinéma. ☐   d. À un voyage. ☐

3 Complete con las formas del verbo *dire*, según el ejemplo.

Exemple : Qu'est-ce que tu .... d'aller au restaurant, ce soir ? *(conditionnel)*
→ Qu'est-ce que tu **dirais** d'aller au restaurant, ce soir ?

1. Qu'est-ce que tu .... ? Je n'entends pas. (passé composé)
2. .... donc, tu as l'air super en forme ! (impératif, tu)
3. Les jeunes .... " tu " à tout le monde. (présent)
4. Excusez-moi ! Mais vous .... n'importe quoi. (présent)
5. Ne .... pas de bêtises, s'il vous plaît ! (impératif, vous)
6. Si on l'appelle, on .... que Daphné n'est pas à la maison. (futur)

4 Traduzca las frases al francés.

1. El servicio de metereología dice que va a nevar mañana. (servicio de meteorología = *la météo*) → ....
2. No diga Vd. nada a nadie, ¿de acuerdo? → ....
3. ¡Perdona! ¿Has dicho algo? → ....
4. Mis abuelos dicen también que el mundo ha cambiado. → ....
5. ¿Qué vais a decirme, ahora? → ....
6. Si estuviera en tu lugar, diría que sí. (si estuviera en tu lugar = *à ta place*) → ....

5 Ponga las frases en futuro, según las indicaciones.

Exemple : Tu .... là demain ? *(être)* → Tu **seras** là demain ?

1. Audrey .... son examen, c'est sûr ! (réussir)
2. À la fin du mois, Anthony .... son premier salaire ! (avoir)
3. Ils .... par accepter notre offre. (finir)
4. Nous .... oui, si tu es d'accord. (dire)
5. Vous .... à la réunion à ma place. (aller)
6. Tu .... candidat à ce poste ? (être)

J'aime apprendre
Me gusta aprender

- Numerosos verbos pueden construirse con un infinitivo:

  - verbos como *devoir* (→ *Ficha 52*), *pouvoir* (→ *Ficha 15*), *falloir/il faut* (→ *Ficha 37*), *aller, venir* (→ *Ficha 31*)…

  - verbos que expresan el deseo, la voluntad: *vouloir* (**querer**), *souhaiter, désirer* (**desear**)…:
    > *Voulez-vous boire quelque chose ?*

  - verbos que expresan el movimiento: *monter* (**subir**), *sortir* (**salir**), *entrer* (**entrar**)…
    > *Je monte voir si elle est là.*

  - verbos que expresan la preferencia: *aimer* (**gustar**), *préférer* (**preferir**), *détester* (**detestar**)
    > *Je déteste courir.*

    y también: *croire, savoir, espérer*

- Con muchos de estos verbos, dos construcciones son posibles: con el verbo en infinitivo y con la conjunción *que* (al igual que en español):
  > *J'espère pouvoir venir demain.* / *J'espère que je pourrai venir demain.*

- Pero los verbos *vouloir, aimer, se plaindre, souhaiter, offrir, refuser*… no admiten la construcción con *que* si el sujeto del verbo es el mismo:
  > *Je veux venir.* (y no: ~~Je veux que je vienne.~~)

---

1 Forme frases a partir de los elementos proporcionados en desorden.
Exemple : **Souhaitez-vous utiliser Internet ?**

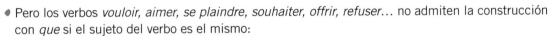

souhaitez-vous utiliser	voulez-vous vous tenir	est-ce que tu veux boire
on voudrait revoir	à la maison samedi.	désirez-vous prendre
Internet ?	il voudrait rencontrer	nous souhaiterions vous avoir
Don Juan de Mozart.	tranquilles ?	son vieil ami.
	quelque chose de frais ?	rendez-vous avec le docteur Gelly ?

2 Escuche las frases del ejercicio n° 1 y verifique la corrección de su ejercicio.

3 Reemplace los sustantivos por infinitivos que tengan el mismo sentido.

Exemple : Les voyages aident à comprendre le monde. → **Voyager aide** *à comprendre le monde.*

1. J'aime les promenades en ville. → ....

2. Le sommeil fait oublier beaucoup de choses. → ....

3. La lecture me détend. → ....

4. Le travail est important ; se distraire aussi. → ....

5. La recherche d'un emploi n'est pas facile en ce moment. → ....

6. Le paiement des impôts, c'est un devoir. → ....

4 Transforme las frases utilizando un verbo de "movimiento", según las indicaciones.

Exemple : J'achète des timbres. (aller) → **Je vais acheter** *des timbres.*

1. Elle cherche ses affaires. (venir) → ....

2. Tu demandes le prix de ce tee-shirt ? (entrer) → ....

3. Ils déjeunent chez Tom. (aller) → ....

4. Le menuisier monte le placard de la chambre. (venir) → ....

5. Vous faites un tour dans le quartier ? (sortir) → ....

6. Je révise mon cours d'histoire. (rentrer) → ....

5 Traduzca las frases al francés.

1. ¿Venís a ayudarme? → ....

2. Luis espera encontrar otro trabajo, pero no es fácil. → ....

3. Hemos visto que (Raymond) se ha marchado muy temprano; no ha saludado a nadie. → ....
....

4. Voy a hablar de ello con el director del instituto. (director del instituto = *proviseur*) → ....
....

5. Ven a decir adiós a tu tío. → ....

6. Han ido a ver la exposición de Bonnard. → ....

6 Forme frases a partir de las indicaciones.

Exemple : Il / revenir, passé composé / chercher sa carte bleue
   → **Il est revenu chercher sa carte bleue.**

1. on / aller, présent / acheter des DVD à la FNAC. Tu viens ? → ....

2. ils / préférer, conditionnel / tout recommencer à zéro, si c'était possible → ....
....

3. elles / aller, passé composé / faire des achats dans le centre → ....

4. Elsa / détester, présent / attendre → ....

5. nous / passer, présent / livrer votre colis, à partir de quatorze heures → ....
....

6. je / vous remercier de, présent / vous occuper de mon courrier quand je ne suis pas là → ...
....

Je ne comprends pas
No entiendo

• El verbo *prendre* tiene 3 raíces en el presente de indicativo:

Prendre [pRãdR]	
En el escrito	**En el oral**
Je **prend**-s	[ʒəpRã]
Tu prend-s	[typRã]
Il / Elle prend	[il/ɛlpRã]
Nous **pren**-ons	[nupRənɔ̃]
Vous pren-ez	[vupRəne]
Ils / Elles **prenn**-ent	[il/ɛlpRɛn]

• El participio pasado es *pris*:

> *Ils ont pris du retard.*

• El imperativo es *prends, prenez*:

> *Prends encore une tranche de rôti !*
> *Prenez les clés ; il n'y a personne à la maison ce soir.*

• El imperfecto se construye con la raíz *pren-*: *je pren-ais*:

> *Marie prenait le train de 7 heures.*

• El futuro y el condicional utilizan la raíz *prendr-*:

> *Elle prendra ses congés au mois de septembre.*
> *Je prendrais plutôt un jus de fruit.*

• Los verbos *comprendre, surprendre, apprendre…* se conjugan como *prendre*.

• El verbo *prendre* tiene el sentido de agarrar, tomar, llevar… Se utiliza en muchas locuciones como:

> *prendre une douche, un bain* (ducharse, bañarse)
> *prendre son petit-déjeuner, son dîner…* (desayunar, cenar)
> *prendre des billets, des photos* (comprar un billete, tomar una foto)
> *prendre des vacances, du repos* (tomarse unas vacaciones)
> *prendre bien / mal quelque chose* (tomarse bien/mal algo)

1 Escuche y marque con una cruz las formas de presente de *prendre* que tienen el mismo sonido.

Je prends ☐
Tu prends ☐
Il / Elle prend ☐
Nous prenons ☐
Vous prenez ☐
Ils / Elles prennent ☐

2 Forme frases a partir de las dos listas.

Exemple : I. Nous   a. prenons des vacances en mai. → ***Nous prenons des vacances en mai.***

1. Francine   a. avons mal pris sa décision de démissionner.
2. Tu   b. prenez la première à droite et vous êtes arrivés.
3. Ils   c. comprends tout quand tu parles allemand.
4. Vous   d. as pris ton petit déjeuner ?
5. Nous   e. viennent de prendre des photos magnifiques de la côte bretonne.
6. Je   f. prend toujours ses billets de train sur Internet.

3 Cambie de persona y modifique el resto de la frase, si es necesario.

Exemple : Prenez encore un peu de gâteau ! (tu) → ***Prends encore un peu de gâteau !***

1. Qu'est-ce que vous avez appris aujourd'hui à l'école ? (tu) → ....
2. Nous avons appris que tu partais pour la Guinée. (je) → ....
3. Je ne comprends pas ce que tu veux. (on) → ....
4. Ils ont surpris un voleur dans leur appartement. (il) → ....
5. Ils comprennent tout très vite. (elle) → ....
6. Je prendrais bien des coquilles Saint-Jacques. (nous) → ....

4 Traduzca las frases al francés. Tenga cuidado con las locuciones formadas con el verbo *prendre*.

1. Normalmente, me ducho todas las mañanas. → ....
2. No para de tomar fotos con su máquina digital. → ....
3. ¿Has logrado contactar con alguien? (contactar = *prendre contact*) → ....
4. Tómate tu tiempo ! No hay prisa. → ....
5. No os lo toméis a mal. ¡Era una broma! → ....
6. Después del segundo semáforo, vayan por la primera calle a la izquierda → ....
....

5 Complete con la forma correcta del verbo *prendre*.

Exemple : Je ne .... jamais de café le matin. (présent) → Je ne **prends** jamais de café le matin.

1. J'aime .... des notes sur des feuilles à petits carreaux. (infinitif)
2. Fabien et Amandine .... toujours le train de sept heures. (présent)
3. Ne .... pas mal notre refus. (impératif, vous)
4. Suzanne et moi, nous .... notre temps : on est bien ici ! (présent)
5. Tu peux .... une douche ; ça va te faire du bien. (infinitif)
6. Nous .... le menu à 20 euros. (passé composé)

Vous saviez ça ?

¿Sabíais eso?

- El verbo *savoir* tiene dos raíces en el presente de indicativo:

  sai- [sɛ]: delante de consonante: *-s, -t.*

  sav- [sav]: delante de vocal: *-oir, -*

Savoir [savwaR]	
En el escrito	**En el oral**
Je **sai**-s	[ʒəsɛ]
Tu sai-s	[tysɛ]
Il / Elle sai-t	[il/ɛlsɛ]
Nous **sav**-ons	[nusavɔ̃]
Vous sav-ez	[vusave]
Ils / Elles sav-ent	[il/ɛlsav]

- El participio pasado es *su*:

  > *J'ai su que tu n'allais pas bien.*

- El imperativo es: *sache, sachez*:

  > *Sache que je suis toujours là pour toi.*
  > *Sachez que vous avez toute mon estime.*

- El imperfecto utiliza la raíz *sav-*: *je savais, elles savaient…*:

  > *Vous le saviez ?*

- El futuro y el condicional utilizan la raíz *saur-*:

  > *On ne saura jamais pourquoi.*
  > *La réponse ? Je saurai ça demain.*

 Las construcciones españolas como: ¿Te sabes la lección? (~~Tu te sais la leçon ?~~) no son posibles en francés; hay que decir: *Tu sais ta leçon ?*

1 Marque con una cruz la casilla cuando Vd. oiga alguna forma del verbo *savoir*.

Exemple : **Tu sais**, *Myriam se marie.*

1. ☐   2. ☐   3. ☐   4. ☐   5. ☐   6. ☐
7. ☐   8. ☐   9. ☐   10. ☐   11. ☐   12. ☐

2 Una el sujeto con la frase correspondiente.

Exemple : I. Vous   a. savez que notre voisin a une grosse voiture ?
          → ***Vous savez que notre voisin a une grosse voiture ?***

1. Vous   a. ai su que vous quittez Le Havre. C'est vrai ?
2. J'   b. savez ce qui vous attend.
3. Nous   c. sais, j'arrête tout !
4. Ils   d. ne savons pas où aller.
5. Elle   e. sait s'en sortir seule, c'est sûr.
6. Tu   f. savent parfaitement ce qu'ils font.

3 Traduzca estas frases al francés.

1. Ha sabido guardar la calma. (guardar la calma = *rester calme*) → ....
2. Sabíamos todo de él. → ....
3. ¡No sé nada de esa historia! → ....
4. ¿Sabría Vd. explicarme por qué hace Vd. eso? → ....
5. ¿Sabes que Zoé se muda a vivir a las afueras? (mudarse a vivir = *déménager, partir vivre*) →
....
6. Han sabido esperar al buen momento para comprar casa. → ....

4 Transforme las frases que contengan el verbo *savoir*, según las indicaciones.

Exemple : Il est très gentil, vous savez. *(tu)* → Il est très gentil, **tu sais.**

1. Tu sais, l'autre jour j'ai croisé notre prof d'histoire. (vous) → ....
2. J'ai su que la date du concours est reportée d'un mois. (nous) → ....
3. Nous savons qu'ils sont inquiets. (je) → ....
4. Vous saurez expliquer cette règle ? (tu) → ....
5. Il sait tout. Impressionnant ! (ils) → ....
6. Vous savez qu'il est très riche. (tu) → ....

5 Conjugue el verbo *savoir,* como en el ejemplo.

Exemple : .... que Maxime est là ? *(tu, présent)* → **Tu sais** que Maxime est là ?

1. Vous devriez .... que rien n'est encore décidé. (infinitif)
2. .... que je ne peux pas venir. (tu, présent)
3. .... bien que vous avez raison, mais il faut attendre. (je, présent)
4. Est-ce qu'.............. convaincre tout le monde ? (ils, passé composé)
5. .... la nouvelle ? (vous, passé composé)
6. .... lire la musique. (elle, présent)

Voyons...

Veamos...

- El verbo *voir* posee dos raíces en el presente de indicativo:

  voi- [vwa]: delante de consonante *(-s, -t, -r)* y de vocal no pronunciada *(-ent)*

  voy- [vwaj]: delante de vocal pronunciada *(-ons, -ez)*

Voir [vwaR]	
En el escrito	**En el oral**
Je **voi**-s	[ʒəvwa]
Tu voi-s	[tyvwa]
Il / Elle voi-t	[il/ɛlvwa]
Nous **voy**-ons	[nuvwajɔ̃]
Vous voy-ez	[vuvwaje]
Ils / Elles voi-ent	[il/ɛlvwa]

- El participio pasado es *vu*:

  > *J'ai vu passer le Tour de France.*

- El imperativo tiene formas regulares: *vois, voyons, voyez*:

  > *Mais c'est faux, voyons !*

- El imperfecto se forma a partir de la raíz *voy-*:

  > *Il voyait bien que tu allais mal.*

- El futuro y el condicional utilizan la raíz *verr-* [vɛR]:

  > *On ne verra rien d'ici !*
  > *On verrait bien Margaux en responsable des ventes.*

- *Voir* y ver poseen valores y usos equivalentes. Admiten complementos directo y oraciones construidas con *que* (→ Ficha 58):

  > *Tu vois le camion, là-bas ?*
  > *Tu vois que tu peux y arriver !*

- *Voir* sirve para formar locuciones como:

  > *voir clair* (verlo claro en una situación)
  > *voir le jour* (nacer)
  > *voir le bout / la fin de* (ver el final de)

  Muchas expresiones son equivalentes en español, pero otras poseen sentidos diferentes. Por ejemplo: *Mais voyons !* sirve para expresar la perplejidad, o el desacuerdo:

  > *— J'ai tout fait ! — Mais voyons !* (= **Pues claro que no lo has hecho todo.**)

1 ¿Qué formas de presente de *voir* corresponden a estas transcripciones? Escriba las formas.

   1. [vwajɔ̃] → ....
   2. [vwa] → ....
   3. [vwaje] → ....

2 Lea estas frases, subraye las locuciones con *voir*; luego, escriba las locuciones correspondientes en español.

   1. Dans cette affaire, il commence à y voir clair, heureusement.
   2. On verrait Amina et Raphaël avec plaisir, mais ils sont toujours pris.
   3. Marlène Mondel, physicienne, a vu le jour dans cette maison le 20 juin 1905.
   4. Mais ce n'est pas comme ça qu'on fait, voyons !
   5. Je ne te dis rien, tu vois. Mais la prochaine fois, fais plus attention !
   6. Ils sont déprimés. Ils ne voient pas la fin de leurs problèmes !

   Las locuciones correspondientes en español son las siguientes:

   ....
   ....
   ....

3 Traduzca las frases al español.

   1. Il était là, mais il n'a rien vu. → ....
   2. On verra ! Demain est un autre jour. → ....
   3. Vous arrivez à voir quelque chose avec ce brouillard ? → ....
   4. Nous avons vu un serpent dans le jardin, grand comme ça ! → ....
   5. De sa fenêtre, on voyait les toits de Paris. → ....
   6. C'est très simple, vous voyez. Il faut éteindre l'appareil et puis rallumer. → ....

4 Complete esta conversación telefónica entre dos amigos, Vincent et Benoît, con las formas adecuadas de *voir*.

   – Tu .... Benoît, récemment ?
   – Non, ça fait un moment que je ne le .... pas.
   – Moi non plus, je ne .... plus les copains. Et toi, comment tu vas ?
   – Bien ! Normal, quoi ! Demain soir, tu es libre ?
   – J'ai une réunion à 18 h 30. Je vais .... si j'arrive à me libérer.

5 Escuche la conversación del ejercicio nº 4 y compruebe que su ejercicio es correcto.

6 Escuche los pares de palabras siguientes e indique la palabra que posee el sonido [v].
   Exemple : a. vent   b. banc   → *a*

   1. a. ☐   b. ☐   **4.** a. ☐   b. ☐
   2. a. ☐   b. ☐   **5.** a ☐   b. ☐
   3. a. ☐   b. ☐   **6.** a. ☐   b. ☐

Un peu, beaucoup, pas du tout...
Un poco, mucho, nada...

● **La cantidad aproximada** se expresa mediante:

- ● *environ* + un numeral:

  > *Ce vélo pèse **douze** kilos **environ**, monsieur.*
  > **(Esta bici pesa unos doce kilos, señor.)**

- ● *une dizaine, une douzaine, une quinzaine, une vingtaine, une centaine*: la terminación *-aine* puede combinarse con algunos numerales: 10, 12, 15, 20, 30, 40, 50, 60 y 100:

  > *Je voudrais deux **douzaines** d'huîtres.* **(= dos docenas)**
  > *Il a une **vingtaine** d'années.* **(= alrededor de 20 años)**

- ● adverbios como: *beaucoup (de)..., peu (de)...* seguidos de un sustantivo:

  > *Je n'ai pas **beaucoup de** temps.* **(No tengo mucho tiempo.)**
  > *J'ai **beaucoup** d'amies.* **(Tengo muchas amigas.)**

- ● un adverbio acompañando al verbo:

  > *Il mange **peu**. Il boit **beaucoup**.*

- ● *nombreux* (femenino: *nombreuses*) + sustantivo:

  > *On a de **nombreux** amis au Pérou.*

- ● *plusieurs* + sustantivo que expresa una cantidad imprecisa, más o menos importante (varios):

  > *Nous avons déjà visité **plusieurs** pays d'Europe.*

- ● el artículo partitivo, *du, de la* (→ *Ficha 49*):

  > *Tu achètes **du** pain ?* **¿Compras pan?**

● **La candidad apreciativa (o subjetiva)** puede expresarse mediante:

- ● *assez, assez* + adjetivo, *assez de* + sustantivo y *trop, trop* + adjetivo, *trop de* + sustantivo, que corresponden en español a: bastante, suficiente y demasiado/a:

  > *Arrête ! tu as **assez** parlé.* **(¡Para! ya has hablado bastante.)**
  > *C'est **assez** stupide de dire ça.* **(Es bastante estúpido decir eso.)**
  > *J'ai **assez de/trop de** travail comme ça, en ce moment.* **(= bastante/suficiente/demasiado)**
  > *C'est une histoire **trop** compliquée pour moi.* **(= demasiado complicada)**
  > *Il est **trop** sensible.* **(Es demasiado sensible.)**

- ● *quelques* + sustantivo que corresponde a algunos/as, unos pocos, según el contexto:

  > *Il y a **quelques** spectateurs dans la salle pour le moment.* **(Hay unos pocos...)**

1 Lea y complete con *beaucoup* o *beaucoup de*.

Exemples : J'ai des voyages à faire. → J'ai **beaucoup de** voyages à faire.

Ils se préoccupent pour leurs enfants. → Ils se préoccupent **beaucoup** pour leurs enfants.

1. Il y a des trains à l'occasion des départs en vacances. → ....

2. Papa aime la pêche à la ligne. → ....

3. Elle a du courage, vraiment ! → ....

4. Il réfléchit avant de prendre une décision. → ....

5. Tu as des propositions d'emploi ? → ....

6. On regrette son départ. → ....

2 Reemplace las palabras en cursiva por los numerales en *-aine* (*dizaine, vingtaine*).

Exemple : Je voudrais 12 œufs. → Je voudrais **une douzaine d'œufs**.

1. Hugo a *30 ans*. → ....

2. Il y a eu seulement *100 participants* à la manifestation. → ....

3. Cette lampe coûte *plus ou moins 50 euros*. → ....

4. Il a passé toute sa vie professionnelle à l'étranger, *40 années au moins*. → ....
....

5. On est seulement à *60 km* de Lille. → ....

6. Je te l'ai déjà dit *10 fois* : ne sors pas sans parapluie ! → ....

3 Conteste a las preguntas, utilizando los adverbios *beaucoup* (++), *trop* (+++), *peu* (-) para expresar la cantidad, según las indicaciones.

Exemple : – Vous avez des amis dans le quartier ? (++) → **– Oui, oui, nous avons beaucoup d'amis.**

1. – Est-ce qu'elle se préoccupe beaucoup pour ses enfants ? (+++) → ....

2. – Vous avez des achats à faire cet après-midi ? (++) → ....

3. – Est-ce qu'il y a des boutiques ouvertes le dimanche ? (-) → ....

4. – Combien d'heures par jour tu es sur Internet ? (-) → ....

5. – Tu marches régulièrement, tous les jours ? (++) → ....

6. – Vous recevez des publicités par mail ? (+++) → ....

4 Escuche la grabación del ejercicio nº 3 y compruebe que su ejercicio es correcto.

5 Traduzca las frases al francés.

1. Tiene unos problemas de salud. → ....

2. Tiene varias posibilidades: elija usted mismo. → ....

3. Los invitados no son muchos. → ....

4. Tienes responsabilidades y no es fácil para ti. → ....

5. Llueve mucho desde hace semanas. → ....

6. Quedan todavía algunos yogures en el frigorífico. → ....

Tu achètes de l'eau ?

¿Compras agua?

• Los "artículos partitivos" (*du/de l'*, *de la*, *des*) equivalen en español a la ausencia de artículo. Están formados por la preposición *de* y el artículo definido (*le*, *la*, *les*).

Articles partitifs	
du (combinación: *de* + *le*) con nombres masculinos en singular **de l'**, antes de vocal: *Donnez-moi encore **du** temps.* *Il éprouve **de l'**amour pour elle.* (Siente amor por ella.)	**de la, de l'** con nombres femeninos en singular: *Vous avez **de la** chance !* *Et comme boisson, nous prenons **de l'**eau.*
des *Je mange souvent **des** pâtes.*	

• Se usa el artículo partitivo en francés cuando no se puede (o no se considera necesario) precisar la cantidad de un producto, materia o cualidad:

> *Il faut ajouter **du** sel ?* = No se precisa la cantidad de materia "sal".
> *Il faut acheter un paquet de sel.* = Se precisa la cantidad: *un paquet de sel.*
> *Il manque un peu de sel.* = Se precisa la cantidad: *un peu de sel.*
> *Tu achètes **du** thé, s'il te plaît ? / Tu achètes une boîte de thé, s'il te plaît ?*
> *Il y a **de la** neige en montagne. / Il y a au moins un mètre de neige en montagne.*

• Se utiliza de modo particular ante los nombres denominados "no contables" como los nombres de materias (*de la farine, de l'huile...*) y las nociones abstractas (*du courage, de l'intelligence...*).

• Se utiliza frecuentemente el artículo partitivo en algunas locuciones con el verbo *faire*, *avoir*, *jouer*:

> *Je <u>fais</u> **du** vélo et **du** tennis.*
> *Cette semaine, j'<u>ai</u> **de la** chance.*
> *Ah ! Il <u>joue</u> **de la** flûte maintenant ! Super !*

• **En caso de duda**, cuando en la frase española el nombre no lleva artículo y puede incluirse: *algo de...*, normalmente en francés hay que emplear un partitivo:

> *Pour trouver **du** travail, il faut aussi **du** courage et **de la** patience.* (Para encontrar ⊘ trabajo, hace falta [algo de] ⊘ valor y [algo de] ⊘ paciencia.)

1 Subraye las palabras precedidas del artículo partitivo *du, de la* o *de l'*.

Exemple : Il y a **du bruit** ici ! C'est insupportable !

1. Pour le soufflé, il faut de la farine, du lait et quoi d'autre ?
2. Entrez, il y a de la place pour tout le monde !
3. Voulez-vous de la lecture, madame ?
4. Rachid fait de l'athlétisme, du sprint.
5. Tu sais, Fabienne recommence à jouer du violoncelle.
6. Du calme, s'il vous plaît.

2 Ponga las palabras de las frases siguientes en orden.

Exemple : fais / du / tu / sport ? → **Tu fais du sport ?**

1. Tiphaine / beurre / du / mange / le matin. → Tiphaine ....
2. achetons / pain complet / du / nous. → Nous ....
3. est-ce que / avez / temps / du / vous ? → Est-ce que ....
4. tu / jus d'orange / du / veux ? → Tu ....
5. du / Étienne / miel de châtaignier / produit → Étienne ....
6. de la brume / ce matin / il y a. → Ce matin ....

3 Reemplace las palabras en cursiva, según las indicaciones.

Exemple : Tu achètes du fromage, s'il te plaît ? (la confiture) → Tu achètes **de la confiture,** s'il te plaît ?

1. Je fais *du couscous,* samedi soir. (la pizza) → ....
2. Tu as *du papier* ? (la colle) → ....
3. Nous avons encore *de la route.* (le travail) → ....
4. Je voudrais aussi *du céleri.* (la menthe) → ....
5. Je vais acheter *du dentifrice.* Je reviens tout de suite. (la crème à raser) → ....
6. Hélène a *du monde,* chez elle. (la famille) → ....

4 Lea y complete con el artículo partitivo *du, de la* o *de l'* según las indicaciones.

Exemple : Tu reprends............., chéri ? (viande, f.) → Tu reprends **de la viande,** chéri ?

1. Il y a .... partout ici ! (poussière, f.)
2. Ils ont .... ; je les admire ! (patience f.)
3. Il manque .... et .... C'est ça ? (pain, m. / eau minérale f.)
4. Je mets .... dans mes papiers. C'est long ! (ordre, m.)
5. Pour demain, la météo annonce encore .... (pluie, f.)
6. Qu'est-ce que vous prenez le matin : .... ou .... ? (café, m. / thé, m.)

5 Complete la conversación con los términos adecuados precedidos por *du, de la* o *de l'*.

vélo, m. - volonté, f. - chance, f - circulation, f.

Sébastien : Il y a ...., aujourd'hui. Je suis en retard, excuse-moi.

Anaïs : Moi, j'arrive toujours à l'heure, je fais .... en ville !

Sébastien : Tu as .... ! Parce que moi, tu sais, je ne peux pas utiliser le vélo pour mes rendez-vous.

Anaïs : Il faut .... ! Mais toi, tu n'as pas envie de changer tes habitudes, voilà !

6 Escuche la grabación del ejercicio n° 5 y compruebe que su ejercicio es correcto.

Crois-moi !

¡Créeme!

- El verbo *croire* posee dos raíces en el presente de indicativo:

Croire [kRwaR]	
En el escrito	**En el oral**
Je **croi**-s	[ʒəkRwa]
Tu croi-s	[tykRwa]
Il / Elle croi-t	[il/ɛlkRwa]
Nous **croy**-ons	[nukRwaɔ̃]
Vous croy-ez	[vukRwaie]
Ils / Elles croi-ent	[il/ɛlkRwa]

- El participio pasado es *cru*:

  J'ai cru voir Dudley dans la rue.

- El imperativo es *crois, croyez*:

  Crois-moi, c'est comme ça.
  Tout va bien, croyez-moi.

- *Croire* admite como en español complemento de objeto directo y oraciones construidas con *que*:

  Tu ne crois pas <u>la version de la police</u> ?
  Moi, si.
  Il croit <u>qu'</u>elle reviendra.

- El imperfecto se forma a partir de la raíz *croy-*: *nous croyions, vous croyiez*:

  Il croyait que tu étais à l'étranger.
  Vous croyiez à la fin du monde, vous ?

- El futuro y el condicional utilizan la raíz *croir-*:

  Personne ne te croira !
  On se croirait au paradis, ici !

 Croire + *à* corresponde a creer en:

  Tu crois vraiment à son innocence ?

Como verbo intransitivo, significa *être croyant (je crois)*.

- *Croire* sirve para formar locuciones tales como:

  - *Faire croire à quelqu'un que* = persuadir/convencer a alguien de algo falso o inexacto:

    Ils veulent nous faire croire qu'ils n'étaient pas au courant !

  - *Croyez-moi, crois-moi* = para confirmar lo que uno dice e invitar al interlocutor a compartir lo expresado:

    Crois-moi, c'est la meilleure solution.

  - *Vous ne croyez pas / Tu ne crois pas que… ?* = para atenuar une pregunta:

    Vous ne croyez pas qu'il exagère ?

  - *Il faut croire que* = es verosímil/probable que:

    Il faut croire que le conducteur n'a pas eu le temps de freiner.

1 Responda a las preguntas.

Pour le verbe *croire,* au présent:

à l'oral, il y a   4 formes ☐   3 formes ☐   5 formes ☐

à l'écrit, il y a   5 formes ☐   6 formes ☐   4 formes ☐

2 Ponga las frases en el tiempo indicado.

Exemple : Tu crois à cette histoire, toi ? (conditionnel) → **Tu croirais** *à cette histoire, toi ?*

1. Ils ont cru bien faire mais ils se trompent. (présent) → ....

2. Mélanie croit tout ça possible. (conditionnel) → ....

3. Je crois entendre des voix dans le jardin. (passé composé) → ....

4. Croyez ce qu'il dit. (présent) → ....

5. Tu ne me crois pas. (passé composé) → ....

6. De l'extérieur, on croit que la maison est vide. (conditionnel) → ....

3 Traduzca al español estas frases con *croire.*

1. N'insistez pas, c'est inutile, croyez-moi. → ....

2. Ils ont fait croire à Christian qu'ils allaient au Pôle Nord ! → ....

3. Il faut croire que tous les moyens sont bons. → ....

4. Vous ne croyez pas qu'il faut se reposer un peu, maintenant ? → ....

5. J'ai tout lu et relu avec attention, crois-moi. → ....

6. Tu ne crois pas que ma patience a des limites ? → ....

4 Complete con el verbo *croire,* según las indicaciones.

Exemple : Nous .... *que tu dois te soigner. (présent)* → *Nous* **croyons** *que tu dois te soigner.*

1. Vous ne .... pas que c'est l'heure d'aller se coucher ? (présent)

2. Tu .... à sa version des faits ? (présent)

3. Elle .... bien faire. (passé composé)

4. On ne le .... pas, mais c'est comme ça ! (conditionnel)

5. Ils .... encore que la Terre est plate ! (présent)

6. C'est un très bon livre, ...-moi. (impératif, vous)

5 Dígalo de manera distinta, con ayuda de las expresiones formadas con *croire.*

Exemple : Tu veux me persuader que tu n'avais pas le choix ?

     → **Tu veux me faire croire que** *tu n'avais pas le choix ?*

1. Il est vraisemblable que toutes ces informations ont la même source. → ....

....

2. Le concessionnaire voulait me persuader que cette voiture était une affaire. → ....

....

3. Tu ne penses pas que la pollution est un danger ? → ....

4. Ce loyer est excessif, vous ne trouvez pas ? → ....

5. Et maintenant, tu ne vas pas me convaincre du contraire ! → ....

6. Alex Briand est quelqu'un de sérieux, je t'assure. → ....

J'y étais !
¡Yo estaba allí!

- El imperfecto sirve para:

  - describir y contar en el pasado:

    *Il **était** une fois une princesse qui **vivait** dans un grand château. Elle **était** petite et **avait** les yeux verts* (**Érase una vez una princesa que vivía en un castillo. Era pequeña y tenía los ojos verdes.**)

  - expresar acciones habituales o repetidas:

    *Durant ses études, il **se levait** tous les jours à 7 h.*

- Las terminaciones de imperfecto son idénticas para todos los verbos:

-ais	-ions
-ais	-iez
-ait	-aient

- La raíz de la persona 4 del presente de indicativo es la misma que las personas del imperfecto. Así:

Persona 4 de presente		Imperfecto
*(Nous **chant**ons dans la chorale.)*	→	*Je **chant**-ais souvent.*
*(Nous **pren**ons deux croissants.)*	→	*Tu **pren**-ais des tartines avec du beurre, le matin !*
*(Nous **finiss**ons tard, ce soir.)*	→	*Il **finiss**-ait toujours à 8 h.*
*(Nous **fais**ons du sport.)*	→	*Nous **fais**-ions régulièrement un régime.*
*(Nous **all**ons à la plage.)*	→	*Vous **all**-iez souvent à l'étranger ?*
*(Nous **av**ons peur.)*	→	*Elles **av**-aient quel âge sur cette photo ?*

- El verbo *être* utiliza una raíz especial en el imperfecto: *ét-* [et]:

  j´ét-ais, tu ét-ais, il / elle ét-ait …

1 Del presente al imperfecto. Transforme.

Exemple : *Justin a peur des chiens.* → *Justin **avait** peur des chiens.*

1. Quentin trouve Madeleine tout à fait charmante. → ....

2. Il pense souvent à vous. → ....

3. Je prends mon petit-déjeuner à 7 h. → ....

4. Ils sont bien ensemble. → ....

5. Vous faites un travail intéressant ! → ....

6. Tu as une bonne assurance ? → ....

2 Cambie la persona del verbo, según las indicaciones.

Exemple : *J'allais au cinéma toutes les semaines.* (nous) → ***Nous allions*** *au cinéma toutes les semaines.*

1. Ils finissaient toujours par se disputer. (on) → ....

2. Tu avais son nouveau numéro de téléphone ? (vous) → ....

3. Vous alliez où tout à l'heure ? (tu) → ....

4. Elle venait chez moi le dimanche. (elles) → ....

5. Vers trois heures, j'étais au bureau. (nous) → ....

6. On rentrait de vacances fin août. (ils) → ....

3 Elija entre los verbos siguientes para completar las frases : *parlais, aimais, faisaient, rentrait, finissiez, passions, allais.*

Exemple : *À qui tu* .... *?* → *À qui tu **parlais** ?*

1. Jean et Corinne .... des projets de voyages magnifiques.

2. Tu .... dessiner, quand tu étais petit ?

3. À vélo, vous .... toujours par nous distancer.

4. Elle ne .... jamais avant huit heures.

5. Avant, j'............... au centre sportif *Louison Bobet.*

6. Nous .... nos vacances chez ma tante Maria.

4 Ordene este relato de modo lógico.

Là, j'étais toujours surprise de voir une vieille femme qui louait les chaises du jardin. → ...

Quand je suis allée à Paris pour la première fois, j'étais dans un pensionnat pour jeunes filles. → ...

Quand je n'avais pas cours, j'allais au jardin du Luxembourg qui n'était pas loin. → ...

Maintenant « les chaisières » ont disparu, mais il y a longtemps elles faisaient partie du décor ! → ...

Je suivais des cours de français à l'Alliance française. → ...

5 Escuche la grabación del relato del ejercicio nº 4. ¿Corresponde a lo que Vd. ha hecho?

Tu dois donc tu peux

Tienes que hacerlo, por tanto puedes hacerlo

● En el presente *devoir* tiene 3 raíces:

doi- [dwa]: delante de consonante (*-s, -t*)

dev- [dəv]: delante de vocal pronunciada (*-oir, -ons, -ez*)

doiv- [dwa]: delante de vocal no pronunciada (*-ent*)

Devoir [dəvwaR]	
En el escrito	**En el oral**
Je **doi**-s	[ʒədwa]
Tu doi-s	[tydwa]
Il / Elle doi-t	[il/ɛldwa]
Nous **dev**-ons	[nudəvɔ̃]
Vous dev-ez	[vudəve]
Ils / Elles **doiv**-ent	[il/ɛldoiv]

● El participio pasado es *dû*:

　　J'ai dû partir très vite.

● El imperfecto se forma con la misma raíz que la persona 4 del presente: *dev-*:

　　Je devais venir mais au dernier moment je n'ai pas pu.

● El futuro y el condicional se forman también con la raíz *devr-*:

　　Ils ne devront pas avoir peur de dire la vérité.

　　Tu devrais manger des légumes plus souvent.

● *Devoir* expresa:

　　● la obligación (→ *Ficha 37*):

　　　　Je dois aller chez le dentiste demain. (Debo/Tengo que/He de ir al dentista...)

　　● una probabilidad verosímil:

　　　　Le directeur doit arriver dans 5 minutes.

　　　　Il doit être loin. (debe de estar lejos = es probable que esté lejos.)

1 Escuche y añada las formas de *devoir.*

Conversation entre Bernard et Raphaëlle.

– Qu'est-ce que tu .... faire cet après-midi ?

– Ben, j'ai une réunion à quatre heures, puis je .... revoir un dossier important. Mais quelle heure est-il ?

– Il .... être presque trois heures.

– Alors je .... filer. Je ne suis pas en avance.

– Je .... t'accompagner en voiture ?

– Non, merci, ce n'est pas la peine. J'y vais en bus.

2 Cambie de persona, según las indicaciones.

Exemple : Tu devrais bien réfléchir à la question. (il) → **Il devrait** *bien réfléchir à la question.*

1. Je dois vous demander un service. (on) → ....

2. Vous devez faire attention. (tu) → ....

3. Ils doivent faire leur possible. (elles) → ....

4. Tu devrais économiser un peu. (vous) → ....

5. Elle doit m'appeler aujourd'hui. (ils) → ....

6. Il a dû accompagner les enfants à l'école, ce matin. (nous) → ....

3 Una las dos partes de cada frase.

Exemple : I. Leur toit   a. a dû être réparé, après les orages.

  → *Leur toit a dû être réparé, après les orages.*

1. Vous   a. devrions avoir la moyenne en français.

2. Henri   b. devriez rentrer à la maison.

3. Nous   c. doivent nous rendre notre appareil photo.

4. Tu   d. ai dû attendre une heure chez le médecin.

5. J'   e. doit s'occuper du chien de sa tante, en août.

6. Jean-Jacques et Justine   f. dois ranger ta chambre !

4 Complete las frases con el verbo *devoir.*

Exemple : Est-ce que .... prendre le bus pour aller à la fac ? (tu, présent)

  → *Est-ce que **tu dois** prendre le bus pour aller à la fac ?*

1. .... aller te coucher : il est tard ! (tu, conditionnel)

2. Pendant notre absence, ... arroser les plantes. D'accord ? (vous, présent)

3. .... tout recommencer. C'est ça ? (tu, passé composé)

4. Qu'est-ce que .... faire alors ? (je, imparfait)

5. .... voir Sébastien plus tard. (nous, présent)

6. .... avoir l'adresse de Catherine, je crois. (ils, conditionnel)

5 Traduzca estas frases al francés.

1. Deberías hacer yoga. → ....

2. Lino ha tenido que cambiar de opinión, como de costumbre. → ....

3. Tiene Vd. que volver más tarde. → ....

4. Hemos tenido que renunciar a nuestro viaje a China. ¡Era demasiado caro! → ....

5. Para estar en forma, los deportistas tienen que entrenarse con regularidad. → ....

Hyper-sympa !
¡Super simpática!

Con la mayoría de los adjetivos:

- **la cantidad o intensidad reducida** se marca mediante el uso de adverbios tales como: *à peine, peu, très peu* (apenas, poco, muy poco):

  > *Samira est **très peu** sévère avec ses enfants.*

- **la cantidad o intensidad moderada** se marca con los adverbios: *assez, moyennement, presque…* (bastante, moderamente, casi…):

  > *Les spectateurs sont **assez** nombreux.*

- **la cantidad o intensidad importante** se marca con adverbios tales como: *très, trop, absolument, complètement, tellement* (muy, demasiado, absolutamente, completamente, tan):

  > *J'ai passé une **très** bonne semaine.*
  > *Il est **trop** fort pour moi aux échecs.*

- **la cantidad de algo** puede ponerse en **comparación:**

  - la superioridad se marca con *plus… que* (más… que):
    > *L'essence est **plus** chère ici **qu'**en France.*

  - la igualdad con *aussi… que* (tan… como) y mediante *comme,* como en ciertas locuciones (→ *Ficha 19*):
    > *Il est **aussi** fort **que** toi, ton ami Timéo !*
    > *Il est blanc **comme** neige.*

  - la inferioridad con *moins… que* (menos… que):
    > *Il fait **moins** chaud **qu'**au début de la semaine.*

⚠️ El comparativo de superioridad de *bon* es *meilleur,* y el de *mauvais* es *pire:*

> *Oui, d'accord ! Il est bon en maths, mais je suis **meilleur** que lui en dessin.*

- *Trop* en vez de *très* es de uso frecuente hoy en día entre jóvenes:
  > *C'est trop intéressant !*

- Se emplean igualmente una serie de prefijos tales como *hyper-* y *super-*:
  > *J'ai eu mon bac. Je suis hyper-contente !*
  > *Il est super-facile, cet exercice !*

- No se utiliza *très* con *délicieux, magnifique, excellent, superbe…* (*C'est vraiment excellent* y no: ~~*C'est vraiment très excellent*~~), puesto que tales adjetivos ya expresan una intensidad fuerte.

1 Subraye las palabras que expresan la intensidad débil o moderada delante de un adjetivo.

Exemple : Sylvain était moyennement satisfait de son examen.
→ Sylvain était **moyennement** **satisfait** de son examen.

1. Ce cidre se boit à peine frais.
2. Dimanche, il a fait presque beau.
3. Cette réponse est assez urgente, madame Rivière.
4. Ce festival est peu intéressant, décevant même.
5. Il était moyennement content de les voir.
6. On était à peine surpris, parce qu'on s'attendait à ça.

2 Transforme las frases expresando la intensidad de otra manera.

Exemple : Ce colis est hyper-fragile. Faites attention ! → Ce colis est **très fragile.** Faites attention !

1. Karine est super-contente de sa mutation en Provence. → ....
2. Tout ce que vous me dites, là, c'est tout à fait sympa ! Merci ! → ....
3. La crème caramel est hyper-difficile à faire. → ....
4. Le temps est super-beau, aujourd'hui ! → ....
5. Mon équipe de collaborateurs est hyper-dynamique. → ....
6. Son horaire de travail est très souple. → ....

3 Exprese la intensidad por medio de una comparación (p. = *plus* ; m. = *moins* ; a. = *aussi*).

Exemple : Clément est .... (distrait, son père / a.) → Clément est **aussi distrait que son père.**

1. Au marché, cette semaine les prix sont .... (intéressant, d'habitude / m.)
2. Nous sommes .... de rencontrer ton ami ! (content, toi / a.)
3. Le compte-rendu est .... ; on s'en occupe tout de suite. (important, la lettre / p.)
4. Ce reportage est .... Dommage ! (objectif, les autres / m.)
5. Cet exercice est bien .... (difficile, le précédent / p.)
6. En grammaire, votre fils est .... madame, ni plus, ni moins. (faible, le reste de la classe / a.)

4 Añada palabras que expresen la cantidad débil, moderada o fuerte, según su propia lectura de las frases.

Exemple : Cet hôtel est confortable *finalement*. → Cet hôtel est **assez confortable** *finalement*.

1. Nous avons *un contrat* à signer. → ....
2. On a passé *un week-end* à Angers ! → ....
3. Mathis est *calme*. → ....
4. Il est *gentil*, comme d'habitude. → ....
5. Ils sont *aimables* avec nous.→ ....
6. Jean-Philippe est *content* de son nouveau travail. → ....

5 Escuche y complete esta conversación.

Conversation entre Vincent, comptable, à son premier emploi, et sa mère.

– J'ai eu une .... journée. Je suis .... que je ne tiens pas debout.
– Mais tu ne peux pas prendre les choses autrement ? Être .... ?
– C'est .... à dire, mais pas à faire !
– Ça, c'est des mots vides ! Tout est toujours .... pour toi !
– Tu n'as pas tort. À ce rythme, je vais devenir .... !

Un long voyage

Un largo viaje

- Lo habitual es colocar el adjetivo detrás del nombre, si bien existen varios casos en los que se coloca delante del nombre.

- Se colocan siempre detrás del nombre los adjetivos siguientes:

  - los adjetivos que marcan una relación, como:

    romain = de Rome : l'art romain ; présidentiel = du président : le palais présidentiel

  - los adjetivos que expresan el color o la forma:

    un costume clair ; des roses rouges ; un ballon ovale

  - los participios pasados:

    une adresse oubliée

- Se colocan delante del nombre:

  - los adjetivos numerales, como:

    le troisième homme (el tercer hombre)

  - y una serie de adjetivos cortos (de una o dos sílabas) muy empleados, tales como:
    beau, bon, cher, grand, gros, haut, joli, long, mauvais, petit, vieux…:

Un vieil ami	*Une nouvelle moto !*
Les grandes plages	*Chère amie,…*
Une mauvaise expérience	

- Finalmente, los adjetivos que indican una apreciación pueden colocarse delante o detrás del nombre: *agréable, magnifique, splendide, excellent, horrible, superbe…* Si se colocan delante del nombre, adquieren un valor expresivo más fuerte:

  Quelle horrible histoire ! / C'est une histoire horrible !

⚠️ En determinadas ocasiones, el lugar del adjetivo cambia por completo su sentido:

  Un petit enfant (= en cuanto a la edad) / *un enfant petit* (= en cuanto a la estatura)

- *Beau* y *belle* delante de nombres de parentesco poseen un sentido especial: *beau-frère* (cuñado), *belle-sœur* (cuñada), al igual que *grand: grand-père* (abuelo), *grand-mère* (abuela)…

1 Escriba los adjetivos calificativos en la forma masculina y femenina.

Exemple : *Cette vieille histoire mérite d'être racontée !* → **vieux / vieille**

1. Alors, tu as vu un beau film ? → .... /.................
2. Je suis en train de lire un roman passionnant. → .... /.................
3. Pendant les longues soirées d'hiver, on rêve de l'été. → .... /.................
4. On a fait une courte pause et on s'est remis au travail. → .... /.................
5. Les Moretti ont une terrasse splendide. → .... /.................
6. Ça, c'est une bonne affaire ! → .... /.................

2 Encuentre las dos partes de cada frase y reúnalas.

Exemple : **Tu veux un grand verre d'eau ?**

ils ont pris une grosse commande du Brésil Sophie est

tu veux une offre de travail intéressante notre entreprise a eu

j'aime beaucoup Enzo a répondu à une fille charmante

ce journal satirique ? tu lis toujours une décision difficile

les petites églises romanes ! **un grand verre d'eau ?**

3 Traduzca estas frases al francés.

1. Y ahora necesitan un buen baño. → ....
2. Queridos amigos, es una noticia extraordinaria la que celebramos hoy. → ....
   ....
3. Nicolás ha mantenido una larga conversación con su consejero. → ....
4. Me he cruzado con un mendigo por la calle ; me dan mucha pena. (un mendigo = *un pauvre homme*, darle pena a uno = *faire de la peine*) → ....
5. Mis padres me han enviado unas fotos magníficas de Túnez. (Túnez = *Tunisie*) → ....
6. Al fin he visto un programa interesante en France 2; era un programa histórico. (al fin = *pour une fois*, programa = *émission*) → ....

4 Inserte los adjetivos siguientes en el lugar adecuado y concuérdelos con el nombre.

Exemple : *N'abordons pas les problèmes.* → *N'abordons pas les problèmes* **secondaires.**

secondaire - ovale - sympathique - fatigant - grand - excellent - bon

1. C'est une nouvelle ! → ....
2. Nous tenons François-Xavier en estime. → ....
3. Un ballon ? Ah, pour jouer au rugby ! → ....
4. Il est gardien de nuit ? C'est un travail. → ....
5. Et si on allait dans un restaurant, ce soir ? → ....
6. M. Poireau est une personne. → ....

5 Escuche la grabación del ejercicio n° 4 y compruebe que su ejercicio es correcto.

C'est demain, le match !
¡Mañana es el partido!

- En francés, el orden habitual de las palabras es: sujeto (sustantivo o pronombre), verbo y objeto (S-V-O): lo cual permite identificar la función sujeto y la función objeto:

  Le lion a mangé le chasseur !
  Je regarde le ciel.

  Mientras que el español permite un orden de palabras más flexible:
  Está muy oscuro el cielo. *(Le ciel est très sombre.)*

- Los complementos siguen generalmente el término que determinan:

  Aujourd'hui, je vais <u>à Nantes</u>.
  Les cheminées <u>de l'immeuble</u> sont à refaire.

- Los pronombres personales complemento (COD y COI) se colocan delante del verbo conjugado:

  J'ai invité mes amis. → *Je <u>les</u> ai invités.*

  Pero en el caso del imperativo afirmativo, se colocan detrás del verbo (→ *Fichas 39 y 40*):

  Invite-<u>les</u> !

- En los intercambios orales corrientes, cualquier palabra se puede destacar y colocar al principio de una frase, introduciendo una pausa (que se corresponde en el escrito con una coma). Si se destaca un sustantivo, éste debe recogerse por medio de un pronombre posteriormente:

  Les clés, tu sais où <u>elles</u> sont ?

- *C'est/voilà* también permiten destacar ciertas palabras o partes de la frase:

  Diminuer les accidents de la route, **voilà** *la priorité du Ministère !*
  Non ! **C'est** *demain, le match !*

- Casos particulares: para la interrogación (→ *Fichas 13 y 26*): *Où allez-vous ?*

---

1 Inserte los pronombres que faltan.

Exemple : Cette maison, ... très belle ! → *Cette maison,* **elle** *est très belle !*

1. Ce lac, ... a des couleurs superbes !
2. Son nouveau costume, ... est magnifique !
3. Cette ville, je ne .... supporte pas !
4. Ses amis, ils .... ont tous quittés un à un.
5. Ses parents, Morgane .... a beaucoup aimés.
6. Cette montre, je veux .... offrir à papa pour son anniversaire.

2 Destaque la palabra subrayada y recójala de nuevo por medio de un pronombre, según los ejemplos siguientes.

Exemples : On invite tes frères ? → **Tes frères, on les invite ?**

Nos fruits sont de saison, madame. → **Nos fruits, ils sont de saison, madame.**

1. Il ne supporte plus les voitures en ville ! → ....
2. Les bambous poussent bien ici. → ....
3. Sa copine a quitté Léo. → ....
4. Ce tableau est de travers ! → ....
5. Ton téléphone est déchargé. → ....
6. On doit interdire la chasse à l'ours. → ....

3 Reemplace les complementos (COD y COI) por los pronombres correspondientes. Ponga atención en el lugar en que deben colocarse con respecto al verbo.

Exemple : Nous avons appelé Gérard *pour avoir de ses nouvelles.*

→ **Nous l'avons appelé** *pour avoir de ses nouvelles.*

1. J'ai demandé *à Charlotte* de me prêter son sèche-cheveux. → ....
2. Ces gamins lancent toujours des pierres *aux chiens*. Pas malin ! → ....
3. J'ai rangé *mes livres*. Regarde ! (rangés) → ....
4. Nous ne voulons plus voir *ces gens* ! → ....
5. Elle a perdu *ses gants* quand elle est sortie. (perdus) → ....
6. Ils ont parlé *au notaire* ces jours-ci. → ....

4 Ponga las frases en imperativo y reemplace los términos subrayados por el pronombre correspondiente.

Exemple : Tu changes cette lampe *de place.* → **Change-la de place.**

1. Vous parlez de ça à la secrétaire. → ....
2. Tu soulignes ces mots. → ....
3. Vous faites entrer monsieur Castaing, s'il vous plaît. → ....
4. Tu accompagnes Célia chez elle → ....
5. Vous demandez des informations à l'accueil. → ....
6. Tu pousses un peu ta chaise. → ....

5 Transforme las preguntas invirtiendo el sujeto.

Exemple : Est-ce que vous avez lu mon CV ? → **Avez-vous lu mon CV ?**

1. Tu as bien réfléchi ? → ....
2. Est-ce qu'il vit dans le Limousin maintenant ? → ....
3. Est-ce que vous avez pris les papiers de la voiture ? → ....
4. Quand est-ce que tu as appris la nouvelle ? → ....
5. Est-ce qu'elle est contente de son stage en Suisse ? → ....
6. Est-ce que vous venez seuls ou avec les enfants ? → ....

6 Escuche las frases del ejercicio nº 5 con la inversión del sujeto y compruebe la corrección de su ejercicio.

Tu la connais ?

¿La conoces?

- El verbo *connaître* tiene dos raíces en el presente de indicativo:

Connaître [konɛtR]	
En el escrito	**En el oral**
Je **connai**-s	[ʒəkonɛ]
Tu connai-s	[tykonɛ]
Il / Elle connaî-t	[il/ɛlkonɛ]
Nous **connaiss**-ons	[nukonɛsɔ̃]
Vous connaiss-ez	[vukonɛse]
Ils / Elles connaiss-ent	[il/ɛlkonɛs]

- El participio pasado tiene una forma particular, *connu*:

    J'ai connu Michel à Marseille.

- El imperativo es *connais, connaissez*:

    Connais-toi toi-même.

- El imperfecto se construye con la raíz *connaiss-*:

    On connaissait bien la région.

- El futuro y el condicional utilizan la raíz *connaîtr-*:

    J'espère qu'on ne connaîtra plus jamais ça !
    Elle connaîtrait un médecin très bien.

- *Reconnaître* se conjuga como *connaître*.

- *Connaître* se utiliza habitualmente para indicar el dominio de una cuestión «intelectual»:

    Je connais bien ce problème.

 Savoir indica más bien la posesión de una competencia:

    Je sais conduire les motos.

- *Connaître* no puede construirse más que seguido de un sustantivo:

    *Je connais **son secret.***

 Savoir se construye habitualmente con un infinitivo o bien con *que* + frase:

    1. *Je sais **parler** aux bêtes.*
    2. *Je savais **que** tu allais revenir.*

1 Ponga las frases en plural: *je → nous, tu → vous, il/elle → ils/elles.*

Exemple : *Tu ne reconnais jamais tes torts.* → **Vous ne reconnaissez jamais vos torts.**

1. Elle connaissait Stéphane depuis deux ans. → ....

2. Tu ne connaîtrais pas le numéro des Narcy par hasard ? → ....

3. Je reconnais là le grand artiste ! → ....

4. Il a connu des moments difficiles. → ....

5. Je n'ai pas reconnu Bastien, tu sais ! → ....

6. Tu connais cette chanson ? → ....

2 Ponga las formas de *connaître/reconnaître* en la persona indicada.

Exemple : *Je connais un petit restaurant très sympa. (nous)*

→ **Nous connaissons** *un petit restaurant très sympa.*

1. Vous avez reconnu Johnny ? Mais oui, c'est lui, Johnny ! (tu) → ....

2. Tu connaissais les conditions du contrat. Pourquoi cette réaction alors ? (vous) → ....

....

3. Il le reconnaîtrait difficilement, après tant d'années ! (je) → ....

4. J'ai connu Mathieu pendant les vacances de Pâques. (ils) → ....

5. Ils connaissaient les intentions du propriétaire de l'appartement ? (vous) → ....

6. Tu connaîtrais le nouveau digicode du portail, par hasard ? (elle) → ....

3 Complete los intercambios con la forma adecuada de *connaître*.

Exemple : – *Hier, j'.............. le nouvel ami de Flore.*

→ *Hier, j'ai connu le nouvel ami de Flore.*

– *Et comment il est alors ?*

1. – Tu .... la rue de Douai ?

– Oui, je .... Elle se trouve près de la place de Clichy, je crois.

2. – Quand Emma était à l'école, elle .... les règles de grammaire par cœur.

– C'est vrai ? Elle a changé depuis !

3. – Vous .... un certain La Martinière ? C'est le nouvel assistant du directeur.

– Pas du tout. Je ne .... personne de ce nom.

4. – Jean-Michel et Dolorès se .... depuis vingt ans, tu sais ?

– Depuis vingt ans ? Tant que ça ?

4 Escuche la grabación del ejercicio nº 3 y compruebe si su ejercicio es correcto.

5 Traduzca estas frases al francés.

1. Los estudiantes van a conocer pronto los resultados de su examen. → ....

2. ¿Sabe usted dónde se encuentra el museo de arte moderno? → ....

3. ¿Cuántas lenguas conoces? → ....

4. Conocía muy bien mi oficio; ahora estoy jubilado. (jubilado = *à la retraite*). → ....

5. ¿Sabes que viven en Chile? → ....

6. Han reconocido a su viejo amigo en seguida. → ....

Tout va très bien !
¡Va todo muy bien!

- *Tout* posee las formas siguientes: *tout*, *toute*, *tous*, *toutes*. Corresponde a todo/s, toda/s:

  Tout le monde sait faire ça.
  Nous avons passé toute la nuit à la plage.
  Mes amies ? Elles sont toutes parties en vacances.
  Tous les garçons et les filles de mon âge…
  Ils sont tous venus.

- *Tout* puede tener la función de adjetivo, de pronombre y de adverbio.

- Como adjetivo, *tout,* en plural *tous/toutes,* puede indicar una periodicidad y tener un sentido distributivo (= cada):

  Cette navette fait le trajet aller-retour <u>toutes les</u> vingt minutes. **(Este autobús efectúa el trayecto ida y vuelta cada veinte minutos.)**
  Il y a une station-service <u>tous les</u> trente kilomètres environ sur les autoroutes. **(Hay una gasolinera cada treinta kilómetros en las autopistas.)**

- *Tout,* comme adverbio, significa del todo, completamente: *Il est tout blanc.*

  La forma *tout* es en este caso invariable:

  Ils sont tout étonnés.
  Elles sont tout étonnées.

  ⚠️ Empleado como pronombre, *tous* se pronuncia [tus] frente al adjetivo *tous* en que no se pronuncia la *s* final:

  Venez tous ici immédiatement ! [tus]
  Tous les jours, je me lève à 7 h 30 du matin. [tu]

 Escuche y marque con una cruz los sonidos que correspondan a *tout/tous, toute/toutes*.

Exemple : Nous avons tout compris ! → **[tu]**

	[tu]	[tus]	[tut]
1. Tous les pays sont représentés.	☐	☐	☐
2. Tous les mardis, les musées sont fermés.	☐	☐	☐
3. Il va prendre ce médicament toutes les huit heures.	☐	☐	☐
4. Ils sont tous très contents d'être là.	☐	☐	☐
5. Toute la presse parle de ça.	☐	☐	☐
6. Je n'ai plus rien à ajouter ; c'est tout !	☐	☐	☐
7. Nous venons tous chez toi samedi, d'accord ?	☐	☐	☐
8. Il a fait tout ce qu'il fallait.	☐	☐	☐

2 ¿Verdadero o falso?

	Vrai	Faux
1. On prononce *tous* [tus] toujours.	☐	☐
2. On prononce *tous* [tu], quand il est devant un nom.	☐	☐
3. On prononce *tous* [tus], quand il est seul.	☐	☐

3 Complete las frases con la forma correcta de *tout*.

Exemple : .... *les articles en vente ici sont produits dans l'UE.*

→ **Tous** *les articles en vente ici sont produits dans l'UE.*

1. Ils sont .... là.

2. .... les invités ont apporté un cadeau.

3. Nous voyageons .... le temps.

4. L'hiver, ... la ville semble endormie.

5. .... les places sont prises.

6. .... les journaux disent la même chose.

4 Forme frases a partir de los elementos propuestos.

Exemples : leur vie / ils / ont travaillé / toute → **Ils ont travaillé toute leur vie.**

Les élèves / présents / étaient / tous → **Tous les élèves** étaient présents.

Mais aussi : **Les élèves** étaient **tous** présents.

1. a sonné / toutes / le téléphone / les cinq minutes → ....

2. ont été / nos efforts / inutiles / tous → ....

3. décidé / tout / a été / d'avance → ....

4. pour l'anniversaire / était / la famille / là / toute / de Lucie → ....

5. me fatiguent / questions / toutes / ces → ....

6. les chocolats / as fini / tous / tu ? → ....

5 Escuche la grabación del ejercicio nº 4 y compruebe si su ejercicio es correcto.

6 Añada a las frases una indicación de periodicidad con *tous, toutes*.

Exemple : (an), ma grand-mère vient nous voir. → **Tous les ans,** ma grand-mère vient nous voir.

1. Elle sort à 7 h 30, (jour). → ....

2. (fois) que je le vois, il me fait un grand sourire. → ....

3. (dimanche), on range l'appartement. → ....

4. Il y a un bus (2, minute) environ. → ....

5. (mois), Aurélien va à Orange, au siège de sa société. → ....

6. Nous faisons les courses au supermarché (semaine) → ....

Je te dis qu'on se trompe !

¡Te digo que nos estamos equivocando!

- El francés utiliza frecuentemente oraciones introducidas por *que*, a menudo con una función de complemento:
    - de un verbo:

        Je pense que tu as tort.
    - de un nombre:

        J'ai l'impression que tu me mens !
    - de un adjetivo:

        Je suis sûr que vous allez réussir.

- Estas oraciones pueden construirse con la mayoría de los verbos que tienen a personas como sujeto:

    Je t'annonce que tu vas être papa !

    La directrice prévoit que notre entreprise créera de nouveaux emplois.

- El verbo de dichas oraciones está en indicativo cuando se expresa una declaración, una afirmación, una constatación, una certeza, una opinión, como con los verbos siguientes:

    J'espère que tout le monde va bien.

admettre (admitir)	*ignorer* (ignorar)
annoncer (anunciar)	*jurer* (jurar)
s'apercevoir (darse cuenta de que)	*oublier* (olvidar)
apprendre (aprender)	*penser* (pensar)
confirmer (confirmar)	*promettre* (prometer)
croire (creer)	*reconnaître* (reconocer)
décider (decidir)	*répondre* (responder)
découvrir (descubrir)	*savoir* (saber)
espérer (esperar)	*trouver* (encontrar)

- El verbo de dichas oraciones está en subjuntivo cuando se expresa un deseo, la voluntad:

    Elle veut que tu saches qu'elle a arrêté de fumer.

1 Forme frases, según las indicaciones.

Exemple : son entreprise va fermer (Anthony / être certain)

→ **Anthony est certain que son entreprise va fermer.**

1. Victoria a bien réagi (je / penser) → ....

2. ils nous cachent quelque chose (nous / avoir l'impression) → ....

3. tu peux faire ça ? (tu, masculin / être sûr) → ....

4. on ne pouvait rien dire (elles / penser) → ....

5. tu as raison (Elsa / reconnaître) → ....

6. tout est simple ! (vous / croire) → ....

2 Una las dos partes de cada frase.

Exemple : I. Gilles vient apprendre qu'   a. on va augmenter son salaire de 5 % !

→ **Gilles vient d'apprendre qu'on va augmenter son salaire de 5 % !**

À la télé, on annonce que   Enzo découvre qu'

Nous avons appris que   les papiers de l'automobiliste sont faux.

la circulation est bloquée sur l'autoroute A6 toute la journée.

Gilles vient d'apprendre qu'   Les gendarmes découvrent que

il y a un petit olivier sauvage dans le jardin.

tous leurs biens iront à l'association *Emmaüs.*   **on va augmenter son salaire de 5 % !**

il y a un système d'alarme chez nous. Et la sirène, ça sonne fort !

la date de notre examen est fixée au 3 septembre.   J'oublie régulièrement qu'

Ils décident que

3 Escuche la grabación del ejercicio n° 2 y compruebe si su ejercicio es correcto.

4 Traduzca las frases siguientes al francés.

1. Maxence sabe lo que ha ocurrido. → ....
2. Pensábamos que eran felices. → ....
3. No se sabía que el presidente quería dimitir. → ....
4. Creo que es lo mejor que se puede hacer. (lo mejor que = *la meilleure chose à* + inf.) → ....
....
5. Esperan todos que el próximo lanzamiento del cohete Ariane será un éxito. (un cohete = *une fusée*, ser un éxito = *réussir*). → ....
6. Matilde olvida con facilidad que hay que cumplir las promesas. (cumplir promesas = *tenir ses promesses*) → ....

5 Forme seis frases a partir de la tabla siguiente.

Exemple : **Nous espérons que le climat restera stable cette année.**

Nous Le gouvernement Je	espérer que (présent) prévoir que (présent)	l'économie le climat la croissance	s'améliorer rester stable être positif/ve (présent/futur et futur proche)	l'année prochaine ... ...

Pardon, mais c'est mon tour !

¡Perdón! ¡Me toca a mí!

- *C'est…, il y a…, voici…, voilà…* sirven para presentar a una persona, un acontecimiento… Se utilizan muy frecuentemente en los intercambios orales corrientes. Corresponden globalmente al español: aquí… + verbo, o ya… + verbo.

  - *Voici* y *voilà* son invariables. Van seguidos de un sustantivo. *Voilà* también puede utilizarse como forma aislada:

    Tiens ! Voilà Claude qui arrive ! (¡Aquí viene Claude!)
    – Et mon café alors ! – Voilà, voilà ! (¡Ya viene!)

    Voici mes amis, Anaïs et Pierre-Philippe.

  - *Il y a* (hay) tiene el valor de *voilà*, pero expresa a la vez la existencia (en un lugar o en un momento determinados):

    Il y a de la bière au frigo ? (¿Hay cerveza…?)
    Il y a eu beaucoup de monde à cette manifestation.

    Su forma interrogativa con inversión es: *y a-t-il…* ?
    Y a-t-il *encore des philosophes ?*

  - *C'est…* sirve para presentar, identificar; varía en tiempo, en modo verbal y en número (singular, plural):

    C'était mon voisin.
    Ce sont mes projets.

⚠ Se dice *C'est mon voisin* y no ~~Il est mon voisin~~.

---

1 Reemplace *c'est* por *voilà,* cuando sea posible.

Exemple : *C'est mon frère Julien.* → **Voilà mon frère Julien.**

1. C'est très beau ! → ....
2. C'est monsieur Delas, mon ex-voisin. → ....
3. C'était un souvenir d'enfance. → ....
4. C'est trop long à expliquer ! → ....
5. C'est la liste des courses. Tu y vas maintenant ? → ....
6. C'est Edwige Weiss, ma nouvelle assistante. → ....

2 Forme frases con *il y a,* cuando sea posible.

Exemples : *Valérie aussi.* → **Il y a Valérie aussi.**

  une grande maison, lui ! → *impossible*

1. encore du gâteau au chocolat ? → ....
2. un accord officiel. → ....

3. un fils unique, Aurélien. → ....

4. ma carte bleue dans le tiroir ! → ....

5. du soleil ou il pleut ? → ....

6. une grosse fortune, au Luxembourg, lui ! → ....

3 Complete la tabla, según el ejemplo.

Présence	Description	Identification
Exemple : Il y a une photo dans son bureau.	*Elle est en noir et blanc.*	*C'est une photo en noir et blanc.*
1. .... un camion devant la boutique.	Il est gros.	....
2. Il y a un colis dans la salle d'attente.	....	C'est un colis abandonné.
3. .... un petit vent ce matin.	Il est humide.	....
4. Il y a une lettre pour vous.	.... recommandée.	C'est une lettre recommandée.
5. .... un bon glacier dans le quartier.	Il est italien.	....
6. .... un tournoi de tennis au Club municipal.	....	C'est un tournoi assez important.
7. Il y a une vente de tapis rue J.-J. Rousseau.	.... intéressante.	....
8. .... un jasmin sur mon balcon.	Il est très parfumé.	....

4 Traduzca las frases al francés.

1. Son mis primos de Bordeaux. → ....

2. Hay alguien que te espera fuera. → ....

3. ¡Ah! Es un mensaje de Sofiane. → ....

4. Este es mi amigo Cédric. Trabaja en Indonesia, en Toyota. (en Toyota = *chez Toyota*) → ......

....

5. En este pueblecito, solo hay una escuela primaria. → ....

6. ¿Eres tú, Florent? ¿Dónde estás? → ....

5 Complete con *il y a, c'est* o *voici*, según el sentido de las frases.

Exemple : .... *du poulet, ce soir.* → **Il y a** *du poulet, ce soir.*

1. .... une librairie pas loin ?

2. .... un restaurant chinois ici ! Nous n'avons pas de frites !

3. Lui, ... ton collègue ou je me trompe ?

4. .... une odeur de brûlé, ici.

5. .... Enrico, mon partenaire mexicain.

6. Allez, les enfants ! .... l'heure des devoirs.

La chanson que je préfère…
La canción que prefiero…

- El francés, como el español, utiliza proposiciones que se llaman **relativas** para determinar los nombres, como si fueran adjetivos:

  Ma chanson favorite / préférée. **equivale a** *La chanson que je préfère.*

- La principal dificultad consiste en que en español el pronombre relativo «que» equivale a dos formas diferentes en francés: *qui* y *que* según si «que» es sujeto *(qui)* o no *(que)*:

  *L'homme **qui** m'a parlé est mon oncle.*

  *Ils vénèrent la terre mère, **qu'**on considère comme la source de tout.*

 • El pronombre relativo *qui* es siempre sujeto del verbo de la proposición relativa:

  *L'avion **(sujet)** vole très bas. Je vois l'avion.* → *Je vois l'avion <u>qui</u> vole très bas.*

  • Se utiliza *que* cuando es complemento de objeto del verbo de la relativa (y por tanto el verbo tiene un sujeto diferente):

  *L'avion vole très bas. Je vois l'<u>avion</u> **(complément)**.* → *L'avion <u>que</u> je vois vole très bas.*

- La forma *qui* no puede nunca elidirse, por el contrario la forma *que* se elide delante de vocal:

  *C'est toi **qui** as fait cela ?*

  *C'est toi **qu'**il appelle.*

 Qui y *que* pueden determinar a *ce*; en este caso, *ce* equivale a *lo* en español:

  ***Ce qui** me plaît le plus, c'est travailler la nuit.*

  *Je pense vraiment **ce que** je dis.*

1 **Una las dos partes de las frases y reconstrúyalas insertando proposiciones relativas en el lugar adecuado.**

Exemple : 1.Le gardien du parking s'occupe aussi de l'électricité   a. qui sait tout faire

    → **Le gardien du parking qui sait tout faire s'occupe aussi de l'électricité.**

1. Le garçon est le frère de Pascal

2. Les poires viennent du Chili

3. C'est une ville nouvelle

4. Ernesto Escudé est importateur de café

5. Je pense à cette avocate célèbre

6. Tu me passes les ciseaux

a. que j'ai connu au salon de l'Agriculture

b. qui passe

c. qui est devenue bergère dans le Larzac

d. qui sont sur mon bureau

e. que j'achète.

f. qui est très dynamique

....

....

....

....

....

....

2 Reúna ambas frases con ayuda de *qui* o *de que*.

Exemples : *Tu connais la personne. Elle vient de passer ?* → **Tu connais la personne qui vient de passer ?**

C'est une promesse. Je la fais. → **C'est une promesse que je fais.**

1. C'est un produit chimique. Il sert à nettoyer l'argent. → ....

2. Tu as bien choisi le cadeau. Tu l'as fait aux enfants. → ....

3. Diane achète toujours de beaux livres d'art. Ils sont d'occasion, en plus ! → ....

4. Leur fils se marie. Il a 45 ans ! → ....

5. Ce sont des arbres de la région ; ils poussent vite. → ....

6. La dernière nouvelle n'est pas bonne. Elle est dans tous les journaux. → ....

3 Traduzca las frases siguientes al francés.

1. ¿Conoce Vd. a la persona que se ocupa de la seguridad? → ....

2. ¿Dónde se fabrica el televisor que acabas de comprar? → ....

3. El número que Vd. ha marcado ya no está en servicio en la actualidad. (marcar = *composer*)
→ ....

4. ¿Ha llegado la carta que estás esperando? → ....

5. Es la única farmacia que está abierta el domingo. → ....

6. Los Duthion tienen un niño que se llama Corentin. → ....

4 Haga frases añadiendo una relativa con *qui* o *que* y los elementos propuestos.

Exemples : *Les voitures sont hybrides (être produit, dans cette usine)*

→ *Les voitures **qui sont produites dans cette usine** sont hybrides.*

L'exercice de grammaire était simple (donner, le prof)

→ *L'exercice de grammaire **que le prof a donné** était simple.*

1. Le Gouvernement a diffusé des prévisions (être, très bonnes pour l'économie du pays) → ....
....

2. L'architecte est compétent (s'occuper de notre immeuble) → ....

3. Ce village garde son école et sa poste (avoir peu d'habitants) → ....

4. Le poisson est excellent (vous, acheter) → ....

5. Le vent vient d'Ouest, comme d'habitude (souffler aujourd'hui) → ....

6. Au fait, la route est en travaux (nous, devoir prendre) → ....

5 Ponga las contestaciones de esta conversación en el orden adecuado.

Conversation entre Daniel et Soizic, son épouse.

– Tu l'as retrouvé, ce chéquier que tu cherchais ? → **1**

– Mais oui ! J'ai cherché partout, même dans les sacs à main que j'ai utilisés ces derniers jours. → ......

– Tu as bien cherché dans la maison ? → ......

– Alors, il faut peut-être prévenir la banque. → ......

– Oui, j'ai fouillé dans tous mes vêtements, dans la veste que je portais ces jours-ci…, mais rien ! → ......

– Ben non, je ne l'ai pas retrouvé. → ......

– Tu as aussi regardé dans les poches des vêtements ? → ......

6 Escuche la conversación del ejercicio n° 5 y compruebe que Vd. la ha puesto en el orden adecuado.

Elles arrivent demain
Llegan mañana

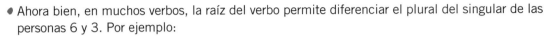

● El verbo concuerda en persona y en número con el sujeto:

> *Il* **est** *arrivé hier.*
> <u>*Les chiens*</u> *aboi***ent**.

● La terminación del plural *-ent* (persona 6) no se pronuncia. De este modo, no existen diferencias en el oral entre frases tales como:

> *Elles participent à la course.* / *Elle participe à la course.*

De ahí la importancia de la *liaison* [z], única diferencia en muchos casos. Por ejemplo:

> *Elle arrive demain.* [elaRiv] / *Elles arrivent demain.* [el**z**aRiv]

● Ahora bien, en muchos verbos, la raíz del verbo permite diferenciar el plural del singular de las personas 6 y 3. Por ejemplo:

> *Elle vient.* [viɛ̃] / *Elles viennent.* [vien]
> *Il dit.* [di] / *Ils disent.* [diz]

● La concordancia entre sujeto y verbo debe hacerse incluso si el sujeto está situado tras el verbo:

> *Voilà la maison où habitaient mes parents.*

● Cuando el sujeto es el relativo *qui* (en español: que), la concordancia se hace con su *antécédent* (la palabra a la que se refiere el pronombre relativo):

> *C'est* <u>*vous*</u> *qui* **commencez** *!*
> <u>*Le jeune*</u> *qui* **joue** *au foot est mon frère.*

● Cuando el sujeto se refiere a un grupo de personas, se efectúa la concordancia en la persona 3:

> <u>*Le public*</u> *a* beaucoup **aimé**.
> <u>*Une foule de gens*</u> **attend** *les soldes.*

 Se dice:

> *C'est lui et moi* **qui avons fait** *le ménage* y no: ~~*C'est lui et moi qui ont fait le ménage.*~~
> <u>*Tout le monde*</u> **est venu** y no: ~~*Tout le monde sont venus.*~~

 Escuche e indique cuáles son las frases que están en plural.

Exemple : *Ils étaient contents de nous voir.* → **pluriel**

1. ☐　　4. ☐
2. ☐　　5. ☐
3. ☐　　6. ☐

2 Una las dos partes de las frases.

Exemple : *1. C'est toi*   *a. qui as mon portable ?*

→ ***C'est toi qui as mon portable ?***

1. Ce groupe

2. C'est vous

3. Carlos et toi,

4. Toi et moi,

5. Voilà les maisons

6. C'est Lucie et moi

a. vous vous êtes rencontrés où ?

b. nous avons tellement de choses à nous raconter !

c. vient du Chili, de Valparaiso.

d. qu'a construites mon grand-père : il était maçon.

e. qui avons repeint les portes.

f. qui avez fait une bêtise !

3 Ponga en plural, según el ejemplo.

Exemple : *C'est le CD qu'a oublié Pablo. (Pablo y Léa)* → ***C'est le CD qu'ont oublié Pablo et Léa.***

1. Toi, tu viens quand ? (toi et Philia) → ....

2. J'apporte le dessert. (Basile et moi) → ....

3. C'est la console que David a offerte à Émilien. (David et Sandrine) → ....

4. Toi, tu pourras m'aider à déménager ? (toi et Quentin) → ....

5. C'est moi qui ai appelé tout à l'heure. (nous) → ....

6. Elle adore cette ville ! (elle et moi) → ....

4 Traduzca las frases al francés.

1. ¿Eres tú el que ha hecho eso? → ....

2. Margot y yo pasamos las vacaciones en Normandía. ¡Es un sitio muy tranquilo! → ....

3. Es Vd. la que toca el piano, Sra. Perlet? (tocar + instrumento = *jouer du, de la + instrument*)

→ ....

4. Estos son los informes que han preparado nuestros compañeros. (informe = *dossier*) → ......

....

5. Cyrille y yo nos quedamos aquí. → ....

6. ¿Os váis a menudo de fin de semana, tú y Franck? (irse de fin de semana = *partir en week-end*)

→ ....

5 Forme libremente seis frases con : *C'est nous que/qui…, Elle et moi…, Toi et lui…*

Exemple : ***C'est nous qui avons vu le voleur.***

1. ....

2. ....

3. ....

4. ....

5. ....

6. ....

J'aime beaucoup le Mexique
Me gusta mucho México

- En francés, el artículo determinado se utiliza en muchos casos en los que no se utiliza en español. Por ejemplo:

  - con nombres geográficos (países, regiones, ríos, lagos y montañas):

    La France sera toujours la France !

     El artículo determinado puede combinarse con la preposición *à* y *de* (→ *Ficha 70*):

    Elle va au Pérou à Noël. (**Le Pérou**)
    Je viens du Pérou.

    Pero: *Chypre, Cuba, Madagascar…* no llevan artículo:

    Je m'installe à Madagascar. J'ai passé mes vacances à Cuba.

  - con las fechas, en algunas expresiones ambas lenguas utilizan el artículo, en otras el francés sí y el español no; pero en todos los casos la construcción es diferente (→ *Ficha 38*):

    On est le dix mars. (**Estamos a diez de marzo.**)
    Aujourd'hui, c'est le 10 janvier. (**Hoy es el 10 de enero.**)
    On est mercredi. (**Estamos a miércoles.**)
    Il viendra lundi prochain. (**Vendrá el lunes que viene**)

  - con nombres abstractos y con nombres como *sucre, farine, café*…:

    La liberté ou la mort.
    Il a le courage de dire cela.
    Tu as acheté le café ?

  - con las características físicas de una persona (*yeux, cheveux*…):

    Zoé a les cheveux noirs.

- Al contrario, no se utiliza el artículo determinado con nombres de títulos de cortesía:

  Monsieur González est absent. (**El señor González no está.**)

  Ni para indicar la hora:

  Il est vingt heures. (**Son las ocho de la tarde.**)

1 Traduzca las frases al español.

1. La France est un des pays fondateurs de l'UE. → ....
2. Est-ce que le sucre est fini ? → ....
3. On est le 9 ou le 10 aujourd'hui ? → ....
4. Le chinois est enseigné dans les Centres *Confucius*. → ....
5. Monsieur Tremblay a confirmé son rendez-vous. → ....
6. La tolérance est indispensable dans une société. → ....

2 Responda con *oui* o *non* a las preguntas siguientes.

On utilise l'article défini :

	Oui	Non
1. Avec les noms de pays.	☐	☐
2. Avec la date du jour.	☐	☐
3. Avec *monsieur/madame* + nom.	☐	☐
4. Avec les caractéristiques physiques d'une personne : *yeux, cheveux, tête...*	☐	☐

3 Elija la opción correcta.

Exemple : La Norvège / Norvège est riche en pétrole. → **La Norvège** est riche en pétrole.

1. Demain, nous sommes *mercredi / le mercredi*.
2. *La Madame Lormont / Madame Lormont* a vendu son appartement.
3. *Luxembourg / Le Luxembourg* est un petit pays au cœur de l'Europe.
4. J'ai vu *monsieur / le monsieur* Régnier ; il va bien.
5. Quelqu'un a dit : « *La justice / Justice* est le respect de la dignité humaine ».
6. J'ai oublié *pain / le pain* dans l'ascenseur !

4 Complete los intercambios con ayuda de las indicaciones; luego escuche la grabación y compruebe si su ejercicio es correcto.

Exemple : Je ne trouve pas .... (café). Il est où ? → **Je ne trouve pas le café. Il est où ?**

1. – Alors, comment il est ton nouveau copain ?
   – Ben, il est plutôt grand, il a .... (*yeux noirs*) et .... (*cheveux clairs*).
   Et il est très sympa !
2. – Tu sais que Mathieu revient .... (*Mexique*) ?
   – Ah oui ! Il ne devait pas aller .... (*Chili*) ?
3. – Tu as acheté .... (*eau*) ?
   – Pourquoi ?
   – Il reste une seule bouteille au frigo.
4. – Tu connais .... (*Suisse*) ?
   – Pas tellement, je suis allé une seule fois à Genève.
5. – Je trouve que .... (*solidarité*) est un peu oubliée de nos jours.
   – Oui, malheureusement.

Ça suffit !

¡Basta ya!

- *Ce* se utiliza:

  - con el verbo *être* + un nombre, para identificar a alguien:
    *Mais **c'**est Monsieur Hulot !*

  - con el verbo *être* + un adjetivo; en español, en cambio, se construye el verbo *ser* directamente, sin necesidad de ninguna partícula con función de sujeto:
    C'est utile de savoir les langues. (Es útil saber lenguas.)
    C'est très gentil à vous !

  - para referirse a una frase o a algo ya mencionado en el discurso:
    *Être journaliste aujourd'hui, **c'**est une grande responsabilité.*

    pero *ce* no es "obligatorio":
    Être journaliste aujourd'hui est une grande responsabilité.

  - con *qui* y *que* equivale al neutro "lo" en español.

  - con una oración de relativo y un valor indeterminado (equivale al neutro lo en español):
    *Fais tout **ce** que tu voudras.* (Haz todo lo que quieras.)
    *Il m'a raconté **ce** qui s'est passé hier.* (Me ha contado lo que pasó ayer.)

- *Cela* o *ça* (eso) pueden utilizarse como sujeto con verbos diferentes de *être*. En español, normalmente no se expresa:

  ***Cela/Ça** ne fait rien.* (No pasa nada. [*eso no hace nada, literalmente])
  ***Cela/Ça** me plaît beaucoup.* ([Eso] me gusta mucho.)

- Pueden referirse:

  - a algo que no se designa de modo preciso y a nombres ya mencionados en el discurso:
    *Tu aimes **ça/cela** ?* (Ça = ce film, cette glace, ce vêtement…) (¿Te gusta ?)
    *La tarte au citron, j'adore **ça** !*

  - a algo indefinido: ***Ça** va bien.* (Ça = la salud, la vida, el trabajo, el amor.)

  - a una oración antepuesta o postpuesta:
    *<u>Répéter les mêmes choses</u>, **ça/cela** me fatigue ! / **Ça/Cela** me fatigue de <u>répéter les mêmes choses</u> !* (Me canso de repetir siempre lo mismo.)

- *Ça* se utiliza en francés corriente y en numerosas expresiones:
    Comment ça va ? (¿Qué tal?)
    Ça me plaît beaucoup. (Me gusta mucho.)
    Ça suffit ! (¡Basta ya!)

1 Lea las frases y subraye las palabras que corresponde a *ça*, cuando sea posible.

Exemple : **Faire de la voile,** *j'aime ça !*

1. Regarde tous ces nuages ! Je n'aime pas ça !
2. Comment ça va aujourd'hui ? Un peu mieux ?
3. Je prends le costume gris. Combien ça coûte ?
4. Arrêtez ! Ça suffit !
5. Les infos à la télé, tu regardes ça ?
6. Cette écharpe est trop chère. Tu achètes ça ?

2 Reemplace las repeticiones con *ça*, para intercambios corrientes, o *cela*, para intercambios más formales. Si no es posible, deje la frase tal cual.

Exemple : Tu as pris mon portable ? Rends-moi mon portable immédiatement !
→ **Rends-moi ça immédiatement !**

1. Vous avez de la charcuterie corse ? J'adore la charcuterie corse ! → ....
2. On a finalement interdit de fumer dans les espaces publics. Cette interdiction était indispensable pour la santé de tous. → ....
3. Cédric reste toujours chez lui. Je ne vois jamais Cédric. → ....
4. Alors, ton nouveau travail, tu aimes ton nouveau travail ? → ....
5. Alex a une copine. La copine d'Alex s'appelle Jade. → ....
6. Tu as acheté un nouveau sac ? Fais-moi voir ce sac. → ....

3 Una para formar frases.

Exemple : *1. Il pleut, prends ce parapluie.*   *a. Prends ça, je t'en prie.*
→ **Il pleut, prends ce parapluie. Prends ça, je t'en prie.**

1. Les accusés ont tout avoué et
2. Nous partons aux Caraïbes !
3. Le site était splendide.
4. La documentation est prête.
5. Les difficultés de notre secteur sont graves.
6. On a parlé longtemps.

a. Ça, c'est super !
b. Ça lui a fait du bien.
c. Je vais envoyer cela à la direction.
d. cela a beaucoup frappé le public.
e. Tout cela datait du 1er siècle.
f. Cela nous conduit à modifier nos prévisions.

4 Escuche la grabación del ejercicio nº 3 y compruebe si su ejercicio es correcto.

5 Elija los términos correctos para reemplazar *ça*, *cela* y *ce* (*c'*).

Exemple : Tu pars demain ? Je ne suis pas au courant de ça.
→ Tu pars demain ? Je ne suis pas au courant de **ton départ**.

ton départ - ce silence - il - cette augmentation - cette histoire - une surprise pareille - ce problème

1. Qu'est-ce que tu me racontes ? C'est difficile à croire ! → ....
2. J'ai aimé ce roman. Ça m'a fait penser à mon enfance. → ....
3. Rien ne marche avec cette live-box ! Tu pourrais signaler ça au Service Après-Vente ! → ....
....
4. Le chômage a augmenté de 2 % en six mois. Cela est très grave. → ....
5. Vous ici ? Je ne m'attendais pas à ça ! → ....
6. Barbara n'a rien dit. Je n'aime pas ça. → ....

Un certain sourire
Una cierta sonrisa

- Algunos adjetivos poseen sentidos diferentes si se colocan delante del nombre o detrás (→ *Ficha 53*). Así:

  - *Ancien*

    un ancien footballeur (= alguien que antes era futbolista y ya no lo es)

    un livre ancien (= que se remonta a una época anterior [antiguo])

  - *Certain*

    un certain sourire (= difícil de definir)

    une nouvelle certaine (= seguro, cierto)

  - *Cher*

    un cher ami (y también : *un ami cher* = a quien se ama)

    un billet cher (= de precio elevado)

  - *Curieux*

    une curieuse affaire (= extraño, raro)

    un collègue curieux (= curioso, indiscreto)

  - *Grand*

    un grand général (= célebre, importante)

    un homme grand (= de elevada talla o estatura)

    une grande salle (= amplia)

  - *Jeune*

    un jeune pilote (= que conduce desde hace poco)

    un homme jeune (= que no es viejo, mayor)

    (pero se dice un *jeune homme* = un joven)

  - *Pauvre*

    un pauvre homme (= que no tiene suerte)

    un village pauvre (= sin recursos)

  - *Petit*

    une petite fille (= de edad reducida)

    une fille petite (= de estatura baja, pequeño)

  - *Seul*

    une seule place (= una única plaza)

    un enfant seul (= que no está acompañado)

1 Escuche y complete los intercambios.

1. – J'ai eu une .... impression quand je l'ai vu.

   – Ah ! Et pourquoi .... ?

2. – Tu as vu la .... salle des fêtes ?

   – Pas encore.

   – C'est un bâtiment rénové, assez beau !

3. – Bruno est un .... homme, un peu timide. Tu le connais ?

– Non, je ne l'ai vu qu'une fois.

4. – Ici on accueille les personnes .... et démunies, mais pour une .... nuit.

– Tu vois, il reste encore beaucoup à faire !

5. – En ce moment, je travaille avec une .... collègue.

– Et elle est bien ?

– Oui, c'est une femme d'une .... intelligence et très professionnelle.

2 Apunte las frases en las que los mismos adjetivos cambian de sentido si están antepuestos o pospuestos al nombre, como en el ejemplo.

Exemple : **Un seul mot** *et je m'en vais !*

  C'est **une personne seule** *et sans ressources.* → *Frases : 9 y 10, seul*

1. Ce four à micro-ondes est très cher !

2. Madame Mesmer est une ancienne avocate qui a fait une brillante carrière politique.

3. C'est une petite fille charmante.

4. Les meubles anciens, tu aimes ?

5. Il vient de perdre une personne chère.

6. Notre kinésithérapeute était une jeune femme grande et toujours souriante.

7. C'est un homme petit et robuste.

8. Philippe Leclerc a été un grand général de la seconde Guerre Mondiale.

9. Un seul mot et je m'en vais !

10. C'est une personne seule et sans ressources.

Frases: ....

3 Diga lo contrario, eligiendo el adjetivo opuesto: *grand, riche, petit, ancien, jeune, nouveau.*

Exemple : *Voilà mon* vieil *ordinateur.* → *Voilà mon* **nouvel** *ordinateur.*

1. C'était un quartier *pauvre*, à l'Ouest de la ville. → ....

2. Monsieur et madame Heratchian tenaient une *petite* boutique de produits du Moyen-Orient.

  → ....

3. Théo est un *vieux* pilote de l'Armée. → ....

4. Monsieur Dupuis porte toujours un *grand* chapeau. → ....

5. Lui, c'est un *nouveau* présentateur de France 2. → ....

6. Marie est une *ancienne* employée de notre entreprise. → ....

4 Escriba seis frases a partir de las indicaciones.

Exemple : bijou / ancien → *Madame d'Esparron possède une collection de bijoux anciens.*

1. statue / ancienne → ....

2. petite sœur / curieuse → ....

3. voiture / chère / résistante → ....

4. billet / seul → ....

5. Charles de Gaulle / homme politique / grand → ....

6. histoire / curieuse → ....

Un peu de patience !
¡Un poco de paciencia!

● No se utiliza el artículo:

● detrás de las expresiones de cantidad o de medida (→ *Ficha 53*), como: *beaucoup de…, peu de…, plein de…, un kilo de…, heure de…, un morceau de…, une tranche de…, une goutte de…*:

> *C'est beaucoup de bruit pour rien !*
> *Vous reprendrez bien une goutte de vin.*
> *Je suis plein d'espoir !*

● detrás de una preposición como: *de, en, à, pour…*

> *une pièce en argent* (una moneda de oro)
> *un couteau à fromage* (un cuchillo para el queso)
> *une pince à linge* (una pinza de ropa)
> *un coiffeur pour hommes* (un peluquero de hombres)

● detrás de la preposición *sans* (sin):

> *Je suis sans travail.*

● con *Monsieur, Madame*:

> *Madame, s'il vous plaît…*

● en las direcciones:

> *Monsieur Legrand habite Rue de la Paix.*

● en enumeraciones (*voitures, motos, vélos…*), títulos periodísticos (*Violent orage à Brest*), anuncios o fórmulas publicitarias (*Soldes. Studio à vendre*).

● en una serie de locuciones verbales, tales como: *avoir peur de quelqu'un ou de quelque chose* (tener miedo a/de), *faire peur à quelqu'un* (dar miedo a…), *rendre service à quelqu'un* (hacerle un favor a…), *faire attention à quelqu'un ou à quelque chose* (tener cuidado con…), *avoir envie de quelque chose…* (tener ganas de…):

> *Les fantômes font peur aux enfants.*
> *Le concierge me rend souvent service.*
> *J'ai envie d'une glace au chocolat !*

❶ **Complete las frases con el elemento que falta, si es necesario.**

Exemple : *Les histoires de sorcières font peur ……… mon fils.*

→ *Les histoires de sorcières font peur **à** mon fils.*

1. Les voisins font beaucoup ……… bruit, ce soir, tu ne trouves pas ?
2. À Noël, je vais offrir à ma mère un couteau ……… fromage ……… argent.
3. Pour dîner, je propose une salade et des tranches ……… jambon, ça vous va ?
4. ……… monsieur Leroy passera nous voir demain.
5. Il y a plein ……… monde dans les magasins en période de soldes.
6. Tu as lu la nouvelle dans le journal : ……… *forte tempête en Bretagne !*

2 Escuche las frases del ejercicio nº 1 y compruebe si su ejercicio es correcto.

3 Responda a las preguntas, ayudándose de las indicaciones.

Exemple : Où habite madame Boulogne ? (Madame Boulogne / place Georges Guyot, Marseille)
→ **Madame Boulogne habite place Georges Guyot, à Marseille.**

1. Elle est belle, ta bague Art Nouveau ! Elle est en quoi ? (argent) → ....

2. Monsieur Regnard habite au même endroit ? (toujours / place des Carrières) → ....
....

3. Il y a encore un couturier dans ton quartier ? (oui, y avoir / couturier, hommes) → ....
....

4. Où doit-on livrer le frigo, monsieur ? (livrer / 5, rue André Danjon, 2e étage, à gauche) → ....
....

5. De quoi s'occupe madame Allard ? (être / professeur, histoire médiévale) → ....

6. À quoi sert ce couteau ? (ce, être / couteau, beurre) → ....

4 Utilice una expresión de cantidad, según las indicaciones, para completar las frases.

Exemple : Tu me passes (tranche / pain), s'il te plaît ?
→ **Tu me passes une tranche de pain, s'il te plaît ?**

1. Il y avait (beaucoup / monde) au concert hier ? → ....

2. Au petit-déjeuner, je mange (morceau / pain) et de la confiture avec du thé. → ....

3. D'ici à Rouen, ça fait (7 heures / route) à peu près. → ....

4. Oui, merci, du café pour moi avec (une goutte / lait). → ....

5. Il y a (peu / touriste) cette année, moins que d'habitude. → ....

6. C'est un mauvais moment pour lui ; il a (peu / argent) de côté et un travail précaire. → ......
....

5 Transforme estos títulos periodísticos en frases, según el ejemplo y las indicaciones.

Exemple : Premier débat au Parlement : climat tendu (être)
→ **Pour le premier débat au Parlement, le climat est tendu.**

1. Inondations en Russie : toute une région à genoux. *(mettre à genoux)* → ....

2. Dialogue social de retour *(être)* → ....

3. Aide aux sinistrés : montant non précisé. *(préciser)* → ....

4. Baisse du chômage : une excellente nouvelle. *(être)* → ....

5. Météo du mois d'août : de la pluie et du beau temps *(prévoir)* → ....

6. Match Espagne-France reporté à jeudi. *(être)* → ....

6 Traduzca las frases al francés.

1. Vivo en el centro, en la calle del Arsenal. → ....

2. Es una chaqueta muy bonita, de algodón y seda, con un precio interesante. → ....
....

3. Han quedado con la agencia inmobilaria para ver una casa. (quedar con... = *prendre rendez-vous avec...*) → ....

4. ¡Aquí está el café! ¿Con o sin azúcar? → ....

5. Estaban todos allí, amigos, padres, tíos, primos... → ....

6. Tienen miedo de las serpientes y de los ratones. → ....

Je pense à toi
Pienso en ti

● Algunos verbos van seguidos por una preposición:

    ● la preposición *à*: <u>penser à</u> la suite, <u>appartenir à</u> un groupe, <u>parler à</u> la voisine…

    ● la preposición *de*: <u>s'occuper de</u> son jardin, <u>profiter de</u> l'occasion, <u>tenir de</u> sa mère…

    ● o bien otras preposiciones, como: jouer <u>avec</u> le feu, courir <u>après</u> l'argent, lutter <u>contre</u> la misère, voter <u>pour</u> un candidat…

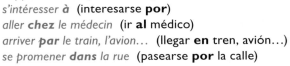

● Estas construcciones (verbo + preposición) no siempre coinciden en ambas lenguas.

        *Je pense **à** toi.* (Pienso **en** ti.)

Y en muchos casos, la preposición que sigue al verbo no es la misma:

> s'approcher **de** (acercarse **a**)
> s'intéresser **à** (interesarse **por**)
> aller **chez** le médecin (ir **al** médico)
> arriver **par** le train, l'avion… (llegar **en** tren, avión…)
> se promener **dans** la rue (pasearse **por** la calle)

1 Subraye las contrucciones verbales, según el ejemplo.

Exemple : Il **<u>s'approche de</u>** la porte tout doucement.

1. Bruno tient beaucoup de son grand-père.
2. Ils ont pensé à l'organisation des séminaires.
3. Il s'intéresse à l'informatique maintenant.
4. Il change d'avis très souvent.
5. On s'approche des vacances.
6. J'ai pensé à toi l'autre jour.

2 Una las dos partes de las frases.

Exemple : *1. Nous pensons*   *a. à vous et vous envoyons de grosses bises.*

→ **Nous pensons à vous et vous envoyons de grosses bises.**

1. On a profité
2. Il s'intéresse
3. Elle est arrivée
4. Tu es allé
5. Vous parliez
6. Je voterai

a. à l'histoire du sport.
b. pour le meilleur candidat.
c. de l'occasion.
d. aux voisins tout à l'heure ?
e. par le bus de 18 h.
f. chez le boulanger ?

3 Complete con la preposición adecuada.

Exemple : *Je vais .... Alicia demain.* → *Je vais* **chez** *Alicia demain.*

1. L'enfant s'approche .... petit oiseau, qui s'envole tout de suite.
2. Laure s'occupe .... une association d'aide aux personnes âgées.
3. Elle va .... le médecin à 15 h.
4. On a profité .... une bonne occasion !
5. Vous ne devez pas vous approcher .... feu, d'accord ?
6. Valentin a changé .... voiture deux fois cette année.

4 Forme frases, a partir de las indicaciones.

Exemple : *Robert .... tout. (s'intéresser, imparfait)* → *Robert* **s'intéressait à** *tout.*

1. Ils .... le bus Aix-Lourmarin de 17 h. (arriver, présent)
2. Il .... l'art du Paléolithique. (s'intéresser, passé composé)
3. .... tes études d'abord ! (penser, impératif, personne 2)
4. Les alpinistes .... sommet, enfin ! (s'approcher, présent)
5. Il .... une équipe de chercheurs. (appartenir, imparfait)
6. Sacha .... avis, comme d'habitude ! (changer, passé composé)

5 Traduzca las frases al francés.

1. Nuestra asociación se interesa por los problemas del medio ambiente. (medio ambiente = *environnement*) → ....
2. Antonio ha cambiado de dirección. ¿Lo sabías? → ....
3. Eres muy curioso. Te interesas por todo. → ....
4. ¿Habéis pensado en las consecuencias de esta decisión? → ....
5. Cuando pienso en ti, me siento bien enseguida. → ....
6. Llama a su novia por teléfono todos los días. (novia = *petite amie*) → ....

6 Escuche la grabación del ejercicio nº 5 y compruebe si su ejercicio es correcto.

À votre santé !

¡A su salud!

- En el empleo del adjetivo posesivo (→ *Ficha 19*), existen ciertos casos en los que ambas lenguas son divergentes:

  - adjetivo posesivo en francés y artículo definido en español, con los verbos:

    prendre : *Je prends mon parapluie.* (Tomo el paraguas.)
    enlever : *J'enlève ma veste.* (Me quito la chaqueta.)
    mettre : *Je mets mes gants.* (Me pongo los guantes.)
    gagner : *Je gagne ma vie.* (Me gano la vida.)

    y con una serie de locuciones:
    faire de son mieux (hacerlo lo mejor posible)
    perdre son temps (perder el tiempo)
    avoir son permis de conduire (tener el carné de conducir)

  - adjetivo posesivo en francés pero no en español:

    - cuando el locutor se dirige a alguien mediante un apóstrofe y el adjetivo *cher*:
      Mes chers collègues, j'ai une mauvaise nouvelle à vous annoncer.

    - con locuciones como:
      avoir son cours de latin, d'histoire… (tener clase de latín, de historia…)

- En francés…

  - el adjetivo posesivo no puede posponerse:
    une de mes amies (una amiga mía)

    Ahora bien, sí puede decirse: *une amie à moi*

  - no es posible determinar el nombre a la vez con un demostrativo y un posesivo como en español: **esos amigos nuestros**.

    Ahora bien, se dice : *nos amis*, o *ces amis*, o *ces amis à nous*.

---

① **Lea las frases en francés y en español y subráyelas cuando hay diferencias en el empleo del posesivo.**

Exemple : **Ma mère a eu son permis de conduire à cinquante ans** ! *Je suis fière d'elle !*
    ¡Mi madre tuvo el carné de conducir a los cincuenta años! ¡Estoy orgullosa de ella!

1. Ils ont perdu leur temps, comme prévu !
    Han perdido el tiempo, como previsto.

2. Les étudiants doivent remettre leurs dossiers d'inscription avant le 20 septembre.
    Los estudiantes tienen que entregar las/sus solicitudes de matrícula antes del 20 de septiembre.

3. Marianne et Sandrine voient leurs amies toutes les semaines.

Marianne y Sandrine ven a las/sus amigas todas las semanas.

4. Il a fait de son mieux, mais son professeur n'était pas satisfait.

Lo ha hecho lo mejor que ha podido, pero el/su profesor no estaba satisfecho.

5. Carine m'invite dans sa maison à la montagne.

Carine me invita a su casa de la montaña.

6. Théo doit étudier davantage. Ses notes ne sont pas bonnes.

Théo debe estudiar más. Las/Sus notas no son buenas.

7. Elle a mis son manteau et ses gants et elle est partie.

Se ha puesto el abrigo y los guantes, y se ha ido.

8. Beaucoup de jeunes gagnent leur vie difficilement.

Muchos jóvenes se ganan la vida con dificultad.

2 **Modifique las frases según las indicaciones.**

Exemple : Stéphanie a son cours de mathématiques à dix heures. (je)

→ *J'ai mon cours de mathématiques à dix heures.*

1. J'ai retrouvé mon foulard. (elle) → ....

2. Nous remettons nos dossiers au secrétariat demain. (il) → ....

3. Les enfants prennent leur bus rue Leclerc. (je) → ....

4. Vous avez déjà fait votre toilette ? (ils) → ....

5. N'oubliez pas vos courses ! (tu) → ....

6. Tu as perdu ton permis de conduire ? (vous) → ....

3 **Una las dos partes de las frases. Después escuche la grabación y compruebe si su ejercicio es correcto.**

Exemple : I. Vos conseils   a. sont tout à fait justes.

→ *Vos conseils sont tout à fait justes.*

1. Hier, Diego m'a présenté

2. J'ai fait

3. À quelle heure tu as

4. Une amie à moi qui vit en Roumanie

5. Elle est en train de chercher

6. On a annulé

a. ton cours d'archéologie ?

b. à ses parents.

c. mes études à Louvain.

d. son portable, comme d'habitude !

e. vient de m'annoncer son arrivée.

f. tous nos rendez-vous. Demain on se repose !

4 **Haga libremente seis frases a partir de los elementos indicados.**

Exemple : Il, faire / adieux (passé composé)

→ *Il a fait ses adieux à tout le monde et il était très ému.*

1. Tu, enlever / pull (présent) → ....

2. Je, prendre / parapluie (passé composé) → ....

3. Il, gagner / vie (présent) → ....

4. Elles, perdre / temps (passé composé) → ....

5. Vous, mettre / gants (présent) → ....

6. Ils, faire de / mieux (passé composé) → ....

J'ai besoin de réfléchir
Necesito pensarlo

● Los infinitivos pueden construirse con una preposición, normalmente *à* o *de*:

> *Il commence à pleuvoir.*
> *Tu as envie de sortir demain ?*

● Estas construcciones no se corresponden en muchos casos entre el francés y el español, lo cual origina muchos errores. Por ejemplo:

● *à* + infinitivo

- *s'amuser à*: *Il s'amuse à regarder les voitures.* → entretenerse + gerundio (Se entretiene mirando los coches.)
- *consentir à*: *Le directeur a consenti à recevoir les syndicats.* → consentir + infinitivo (El director ha consentido recibir a los sindicatos.)
- *chercher à*: *On cherche à faire vite.* → procurar (Hemos procurado hacerlo deprisa.)
- *penser à*: *Il pense à tout quitter.* → pensar en (Piensa en dejarlo todo.)
- *réussir à*: *Elle a réussi à convaincre tout le monde.* → conseguir + infinitivo (Ha conseguido convencer a todos.)

● *de* + infinitivo

- *accepter de*: *Nous avons accepté de reporter la réunion.* → aceptar + infinitivo (Hemos aceptado retrasar la reunión.)
- *avoir besoin de*: *Tu as besoin de le revoir.* → necesitar + infinitivo (Necesitas volver a verlo.)
- *conseiller de*: *Je vous conseille d'attendre.* → aconsejar + infinitivo o que (Le aconsejo esperar/que espere.)
- *empêcher de*: *Tu m'empêches de dormir.* → impedir + infinitivo (Me impides dormir/no me dejas dormir.)
- *dire de*: *Dis-lui de t'aider.* → decir + que (Dile que te ayude.)
- *essayer de*: *J'essaye d'être plus clair.* → intentar + infinitivo (Intento ser más claro.)
- *décider de*: *Elle a décidé de rentrer.* → decidir + infinitivo (Ha decidido volver a casa.)

Se construyen también con *de* + infinitivo:

- las expresiones como *avoir l'habitude de, le temps de, l'occasion de, le courage de...*
  > *J'ai l'habitude de me lever tôt.* (Acostumbro a levantarme temprano/Tengo la costumbre de…)
  > *Je n'ai pas le courage de leur parler.* (No tengo valor para hablarles.)
- los adjetivos que expresan sentimientos (*content, heureux, triste...*):
  > *Il est content de partir.* (Está contento por marcharse.)
  > *Nous sommes heureux de vous voir.* (Estamos contentos de veros/qué bien que nos vemos.)

1 Complete las frases con la preposición adecuada.

Exemple : Il a essayé .... convaincre leurs interlocuteurs.
→ Il a essayé **de** convaincre ses interlocuteurs.

1. Elle avait besoin .... se reposer.
2. Il a cherché .... vendre sa collection de timbres mais il n'y est pas parvenu.
3. Tu as pensé .... changer de travail.
4. Le mauvais temps a empêché le voilier .... sortir du port.
5. Notre équipe a vraiment mérité .... gagner.
6. J'ai réussi .... faire marcher ce vieil appareil.

2 Complete las frases, según las indicaciones.

Exemple : .... lui faire changer d'avis. (il, chercher, présent)
→ **Il cherche à** lui faire changer d'avis.

1. .... nous faire peur. (il, s'amuser, imparfait)
2. .... les joindre depuis un moment. (nous, chercher, présent)
3. .... avoir un très bon contrat. (Éva, réussir, passé comp.)
4. .... me renvoyer les copies corrigées avant jeudi. (vous, penser, impératif)
5. Christophe a cinquante ans et .... jouer à cache-cache ! (il, s'amuser encore, présent)
6. .... rencontrer les délégués syndicaux. (la direction, accepter, passé comp.)

3 Complete esta conversación entre monsieur y madame Coudin. Luego escuche la grabación y compruebe si su ejercicio es correcto.

– Stéphane, tu .... à Laurent .... nous appeler quand il arrive à Lyon ?
– Oui, oui, j'........... .... lui faire comprendre que nous sommes plus tranquilles s'il nous appelle.
– Tu sais, les jeunes sont comme ça ! Ils .... autre chose, pas aux parents.
– Tu as raison. On a .... ne pas avoir de nouvelles.
– Ce n'est pas grave. Laurent est un gentil garçon ; on ne peut pas l'............. .... être comme il est !

4 Dadas las respuestas, escriba las preguntas.

Exemple : C'est notre avocat qui nous a conseillé de porter plainte.
→ **Qui vous a conseillé de porter plainte ?**

1. Nous avons accepté de baisser les prix parce que nous n'avions pas le choix. → ....
....
2. J'ai décidé de tout arrêter parce que je veux changer de vie, voilà ! → ....
3. Oui, on lui a dit d'être là à huit heures. → ....
4. Il va certainement accepter de partir en poste à l'étranger ; il est au chômage depuis six mois. → ....
5. Tu ne vois pas ? Je cherche à remonter ce filtre, mais je n'y arrive pas ! → ....
....
6. Non, on n'a pas réussi à acheter les billets ; le site était en panne ! → ....
....

C'est celui-ci !

¡Es éste!

● *Celui-ci, celle-ci...* (éste, ése, aquél...) son pronombres demostrativos y sirven para designar nombres ya mencionados:

> *J'ai pris connaissance de votre proposition. **Celle-ci** est très intéressante parce que...*
> (He leído su propuesta. Ésta es muy interesante...)

● Las formas del pronombre demostrativo son las siguientes:

	Singular	Plural
Masculino	celui	ceux
	celui-ci celui-là	ceux-ci ceux-là
Femenino	celle	celles
	celle-ci celle -là	celles-ci celles-là
Neutro	ce ceci (→ Ficha 20) cela / ça	

● En general:

> ● *-ci* y *-là* se utilizan cuando el objeto o la persona mencionados se consideran como cercanos (en el discurso):
>
> > *Elle vient de rencontrer sa voisine. Celle-ci lui annonce que...* (Ésta)

> ● *celui*-là y *celle*-là se utilizan cuando el objeto o la persona mencionados se consideran como lejanos (en el discurso):
>
> > *Cette annonce est intéressante, mais celle-là l'est encore plus.* (Aquélla)
>
> En francés corriente, se utiliza habitualmente *-là*.

● Las formas *celui/ceux...* también se construyen con *de* o *qui/que*:

> *Prends cette rue, là, celle de gauche !* (¡Toma esa calle, la de la izquierda!)
> *Tu es celui que j'attendais.* (Eres el que estaba esperando.)

 Construídos con *de* o *que/qui*, *celui-(ci)/celle-(ci)* y *ceux-(ci)/celles-(ci)* se corresponden, en español, con las formas le/la y los/las:

> *Celles du premier rang, qu'elles montent sur la scène.* (Las de la primera fila, que suban al escenario.)

1 Añada los pronombres demostrativos + *ci/là* o *qui/que*, según el sentido de las frases.

Exemple : *Depuis deux mois, des policiers mènent une enquête. Mais .... semble être particulièrement difficile.* → *Mais* **celle-ci** *semble être particulièrement difficile.*

1. J'ai pris connaissance de votre CV. .... correspond pleinement au profil de notre poste.
2. André ne m'a pas rendu mes DVD, ... je lui ai prêtés le mois dernier !
3. Quelle photo je dois mettre dans mon CV ? .... ou .... ?
4. Nous accusons bonne réception de votre plainte. .... va être examinée dans les plus brefs délais.
5. Ils ont encore reporté des mesures urgentes ; .... devaient être prises avant la fin de l'année.
6. Elle a demandé à voir l'inspecteur, mais .... était en réunion.

2 Traduzca las frases al francés.

1. – ¿Me pasas esos periódicos? → ....
   – ¿Qué periódicos? → ....
   – Los que acabo de comprar. → ....
2. ¿Aquél de allí? Ése sí que sabe lo que quiere. → ....
3. Ha traído el cartero una carta, pero no era la que yo estaba esperando. → ....
4. Hace calor aquí. Abre una ventana, la de allí, por ejemplo. → ....
5. ¿Es aquélla tu casa? → ....
6. El que responda el primero gana. (gana = *a gagné*) → ....

3 ¿En qué orden deben ir las frases de estos diálogos?

Conversation entre Richard et Hugo.

– La deuxième a l'air mieux. L'autre, celle à 250 euros, ça ne me convainc pas. → ......
– C'est ça. Prends l'hôtel quatre étoiles ! Ça va être un super week-end ! → ......
– Dis, je fais quoi, alors ? Je prends l'offre à 250 euros, vol + hôtel, tout compris, ou bien celle-ci, à 400 euros, dans un hôtel quatre étoiles ? → **1**
– Oui, tu n'as pas tort ; des offres trop basses, ça peut réserver de mauvaises surprises. → ......

4 Escuche la grabación del ejercicio nº 3 y compruebe si su ejercicio es correcto.

5 Inserte los pronombres demostrativos correctos.

Exemple : *La presse étrangère a critiqué la décision. .... intervient trop tard.*
   → *La presse étrangère a critiqué la décision.* **Celle-ci** *intervient trop tard.*

1. Appuyer sur le premier bouton. Si .... clignote, appuyer sur la touche #.
2. Quand M. Ferrat a rencontré ses locataires, ... lui ont annoncé qu'ils quittaient l'appartement.
3. Tu as une minute ? Je mets ce collier ou .... que tu m'as offert pour mon anniversaire ?
4. Le Parlement a approuvé la loi des finances ; .... prévoit des économies dans tous les secteurs.
5. Qu'est-ce que je vais apporter aux Salvador ? Cette boîte de chocolats ou .... ?
6. On a regardé tous les matchs de la Coupe, mais .... d'hier soir a vraiment été le meilleur !

Tu sors la voiture ?

¿Sacas el coche?

- Unos verbos, como : *aimer* (amar), *dire* (decir), *donner* (dar)… no se pueden usar solos; necesitan ser "complementados" por un nombre (el complemento de objeto) para que la frase tenga sentido:

    Elle donne <u>des cours de français</u>.

- Los complementos pueden ir directamente detrás del verbo o ser introducidos por una preposición (→ *Ficha 66*). Pueden ser:

    - complementos de objeto directo (COD), si van directamente detrás del verbo:

        Il connaît bien Buenos Aires.

    - o complementos de objeto indirecto (COI), por ejemplo:

        *Il pense **à** la fin du film.*
        *Il s'occupe **de** son jardin.*
        *Il vote **pour** ce candidat.*

- Otros verbos no necesitan ir seguidos de un complemento de objeto, pues poseen un "sentido" completo. Por ejemplo: *tousser* (toser), *bâiller* (bostezar), *aboyer* (ladrar), *partir* (irse)…:

    Tu tousses ?
    Je pars !

- Las construcciones de estos verbos no se corresponden obligatoriamente en español y en francés. Por ejemplo, el verbo francés *sortir* puede ir seguido de un complemento (= salir) o no (= sacar):

    Sors d'ici immédiatement ! (¡Sal de aquí enseguida!)
    Elle sort la voiture du garage avec précaution. (Saca el coche del garaje…)

- Otros verbos como *descendre* (bajar), *monter* (subir) pueden ir seguidos o no de un complemento en ambas lenguas:

    Descends ta valise, vite ! (Baja la maleta, ¡deprisa!)
    Tu descends ou tu restes là ? (¿Bajas o te quedas ahí?)

⚠ En español, se ha extendido el uso de *a* delante de complemento de objeto directo de persona (Ama a su hermana.). Pero en francés debe decirse: *J'aime ma sœur*.

1 Subraye el complemento de objeto directo de los verbos.

*Exemple : Nous mangeons **des fruits et des légumes** régulièrement.*

1. J'ai invité tous nos amis pour ma fête !
2. Nous avons vendu notre appartement à un bon prix.
3. Vous connaissez le mari de Clara ?
4. On rencontrait nos camarades de lycée quand on habitait encore à Liège.
5. Elle a appelé l'agence immobilière pour avoir des précisions.
6. L'organisateur du concours a félicité tous les candidats.

2 Utilice las indicaciones para completar las frases con un **COD** o un **COI** (con una preposición).

*Exemple : Je vois .... demain. → Je vois **mon conseiller bancaire** demain.*

les professeurs - son pays - cette fumée - notre nouveau voisin - l'Office de tourisme - le discours - mon conseiller bancaire

1. J'ai rencontré .... ; il vivait à Rouen auparavant.
2. Tu vois .... ? Il y a un incendie quelque part.
3. On a téléphoné ...., mais il y avait dix minutes d'attente.
4. Nous avons écouté .... du nouveau Président à la télé.
5. Tu as parlé de ton fils .... ?
6. Elle aimait beaucoup .... Elle en avait la nostalgie, parfois.

3 Escuche la grabación del ejercicio nº 2 y compruebe si su ejercicio es correcto.

4 Una las dos partes de las frases.

*Exemple : 1. J'ai dit au revoir   a. à tout le monde. → **J'ai dit au revoir à tout le monde.***

1. Charles a reconnu
2. Nadia s'occupe
3. Tu vois
4. Nous avons parlé
5. Tu aimes
6. Ils ont rencontré

a. François demain ?
b. au proviseur.
c. de la comptabilité de la maison.
d. ses torts.
e. beaucoup de gens, pendant les vacances.
f. mon nouveau pull ?

5 Traduzca las frases siguientes al francés, ayudándose del diccionario, si es necesario.

1. Se ha ido a las Islas Galápagos. Ha dejado a todos sus amigos. (dejar = *quitter*) → ....
2. ¿Has conocido a Mathias Duchêne? → ....
3. Está contento; sonríe a todo el mundo. → ....
4. Hemos acompañado a Coralie a las Galarias *Lafayette*. → ....
5. ¿Véis a Samir a menudo? → ....
6. Por favor, busco una farmacia. → ....

6 Forme seis frases a partir de los elementos de la tabla siguiente.

*Exemple : **Je vais remplacer un collègue.***

Sujet	Verbe	Complément objet direct
Gabriel Vous Je	remplacer chercher (futur proche)	un collègue. le téléviseur en panne.

Allô, c'est Philippe !
¡Hola, soy Felipe!

- **C'est** sirve para:

    - identificar:

        C'est moi, maman.
        C'est nous.
        Regarde, c'est Jean. (Mira, es Juan.)

    - exprimer la posesión, la pertenencia (→ *Ficha 8*):

        – C'est à Valentin, ce blouson ? – Non, ce n'est pas à lui.

    - presentar:

        – Moi, c'est Nina. – Bonjour, ravi de te connaître. (En espagnol : Soy Nina, y no: es Nina.)
        C'est ma nouvelle moto. Tu aimes ?

- **C'est** (→ *Ficha 59*) puede ir seguido de todas las personas gramaticales: *c'est moi, toi, lui, elle, nous, vous, eux, elles*:

    – C'est toi qui as fait ça, n'est-ce pas ? – Non, ce n'est pas moi. (No he sido yo.)

- **C'est** también puede ir seguido de un adjetivo:

    Ce n'est pas malin ! (No es muy inteligente, que digamos.)

- En la expresión **il est** + nombre o adjetivo, *il* representa a un nombre que ya ha sido mencionado en el discurso anterior: *il* (o **elle**, si el nombre es femenino) reemplaza a este nombre:

    (__**Mon ordinateur**__ *s'est bloqué*). **Il est** *vieux.*
    (__**Ma voiture**__ *est en panne*). **Elle est** *chez le garagiste.*

- Al no hacerse en español la diferencia entre una frase presentativa (Es él) y una frase atributiva (Es rubio), se producen errores como ~~il est facile~~ en vez de *c'est facile*.

    Debe por tanto decirse:

SE DICE	NO SE DICE
C'est ma sœur.	~~Elle est ma sœur.~~
Nous faisons de l'escalade, c'est fatigant.	~~Nous faisons de l'escalade, il est fatigant.~~
Mon numéro de portable, c'est le 0635529724.	~~Mon numéro de portable, il est le 0635529724.~~

 • *Il est...* va seguido directamente del adjetivo o del nombre común o propio:

    Il est cuisinier. Elle est informaticienne. (El pronombre concuerda con el nombre.)

- *C'est...* va seguido del artículo o de un adjetivo posesivo (*mon, ton, son...*), de un pronombre tónico...:

    C'est mon frère ; c'est lui.
    C'est ma sœur, c'est mes parents.

1 Complete la tabla, según el ejemplo.

Exemple : **Charles est vétérinaire.**	Il est vétérinaire.	C'est un vétérinaire.
1. Camille est étudiante.	....	C'est une étudiante.
2. David est photographe.	....	....
3. Anne-Laure est pharmacienne.	Elle est pharmacienne.	....
4. Jorge est Mexicain.	....	C'est un Mexicain.
5. Son père est comptable	Il est comptable.	....
6. Madame Gelly est mère de quatre enfants.	....	C'est une mère de quatre enfants.
7. Monsieur Alvès est pêcheur.	....	....

2 Complete las frases con *c'est* o *il/elle est.*

Exemples : Nous partons en Inde, ... super ! → Nous partons en Inde, **c'est** super !

Paola n'est pas là ; .... sortie. → Paola n'est pas là ; **elle est** sortie.

1. Mon neveu ? .... encore au collège.

2. .... elle qui vient d'appeler.

3. Tu me passes mon portable ? .... sur le buffet.

4. Vous m'accompagnez au supermarché ! .... gentil !

5. .... un jeune écrivain. Il a publié deux romans.

6. .... suédoise, d'Uppsala.

3 Traduzca las frases siguientes al francés, ayudándose del diccionario, si es necesario.

1. ¡Es un día magnífico ! → ....

2. Te presento a Paul. Es abogado, como su padre. → ....

3. Jean ha encontrado trabajo. Es una buena noticia. → ....

4. El cumpleaños de David ¿es mañana o pasado mañana? → ....

5. ¿Sí? Soy yo. Llego a las ocho. → ....

6. ¡Émilie está contenta, ha encontrado su anillo! → ....

4 Complete esta conversación con *ce, il/elle + être*, según el sentido. Luego, escuche la grabación para averiguar que su ejercicio es correcto.

Carole : Allô ! .... bien le 02 56 87 54 33 ? Je voudrais parler à madame Allard.

Secrétaire : Oui, bonjour ! .... de la part de qui ?

Carole : Carole Allard, sa fille.

Secrétaire : Je vous la passe.

Carole : Maman, ... toi ? Romain est arrivé. Je peux prendre la voiture pour aller le chercher ?

Mme Allard : Oui, bien sûr. Tu sais où est garée la voiture ?

Carole : Euh ! Non, pas vraiment.

Mme Allard : .... devant la pharmacie de la rue Bleue.

Tout, tout de suite !
¡Todo, enseguida!

PRESENTE, PASADO Y FUTURO

- La referencia al **presente** se hace con la ayuda de adverbios tales como *maintenant* (ahora) o *aujourd'hui* (hoy):

  Aujourd'hui, on se repose un peu.

- La referencia al **pasado**:

  - se hace con adverbios tales como *hier* (ayer) y *avant* (antes):

    Avant, c'était mieux ?

    Pueden combinarse con otros adverbios o expresiones:

    avant-hier, hier matin, hier dans la journée…

  - se puede utilizar igualmente el adjetivo *dernier/dernière* (último/a, pasado/a):

    Il a fait très froid la semaine dernière.

  - también se expresa con la construcción verbal impersonal *il y a* + sustantivo (hace + sustantivo):

    Je l'ai connu il y a deux ans.

- La referencia al **futuro**:

  - se hace con el adjetivo *prochain* (próximo, que viene):

    La semaine prochaine, c'est les vacances.

  - y con una serie de adverbios y preposiciones:

    après **(después)**: *On sort après dîner ?*
    bientôt **(pronto)**: *Tu vas bientôt arrêter de fumer ?*
    plus tard **(más tarde)**: *Pouvez-vous rappeler plus tard, s'il vous plaît ?*
    tout de suite **(enseguida)**: *Tu peux aller ouvrir tout de suite.*
    tout à l'heure **(luego)**: *D'accord ! On se voit tout à l'heure, au 46 rue Saint-Jacques.*

    Tout à l'heure puede indicar también la proximidad en el pasado:
    On t'a appelé tout à l'heure. Je ne sais pas qui. **(Te han llamado.)**

  - para expresar que algo ocurrirá en el futuro, se utiliza la preposición *dans* (dentro de, en):

    Je reviens dans cinq minutes !

DE PRINCIPIO A FIN

- El principio de una acción se expresa con el verbo *commencer* (empezar) y/o con el adverbio *d'abord* (en primer lugar, primero):

  Commence d'abord par faire tes devoirs !

- El final de una acción se expresa con los verbos *finir, arrêter* (acabar, parar); *continuer* indica que una acción dura en el tiempo (→ *Ficha 38*).

1 Complete las frases con los adverbios que se refieren al presente o al pasado.

Exemple : ...., on n'a plus de temps à perdre. → **Maintenant,** on n'a plus de temps à perdre.

1. ...., on a inauguré une nouvelle école.
2. ...., j'ai plein de choses à faire.
3. ...., Maxime a eu mal à la gorge, mais cette semaine il va beaucoup mieux.
4. ...., on n'avait pas de carte de crédit pour payer.
5. D'habitude, on ne bouge pas le dimanche, mais ...., nous sommes allés à Antibes.
6. ...., je me suis levé de bonne heure.

2 Transforme las frases, utilizando el presente + los adverbios o las preposiciones que se refieren al futuro.

Exemple : Hier après-midi, Frédéric est allé chez l'ophtalmologue.
→ **Demain après-midi, Frédéric va chez l'ophtalmologue.**

1. Ton frère a appelé tout à l'heure. → ....
2. Tu as vu Éléonore la semaine dernière ? → ....
3. Avant-hier, on a fait remplacer notre porte. → ....
4. Ils ont tout de suite appelé les gendarmes. → ....
5. Jeudi dernier, le Centre de la Sécurité Sociale a fermé une heure avant. → ....
6. Nous avons réglé notre facture hier. → ....

3 Exprese la acción en el futuro, a partir de las indicaciones.

Exemple : je / être prêt / dix minutes → **Je suis prêt dans cinq minutes.**

1. un an / vous / devoir refaire / un bilan de santé / monsieur → ....
2. et / 30 secondes / vous / aller connaître / les gagnants ! → ....
3. une demi-heure / on / arriver → ....
4. vous / pouvoir repasser / dix minutes ? → ....
5. du calme ! / les soldes / commencer / une heure → ....
6. notre maison / être finie / quelques mois → ....

4 Traduzca las frases siguientes al francés.

1. La videoconferencia empieza enseguida, en dos o tres minutos. → ....
2. Ivan ha llegado hace una hora. Volverá a pasarse más tarde. (volver a pasarse = *repasser*) → ....
....
3. Vamos a tener pronto la respuesta del seguro. (el seguro = *l'assurance*) → ....
4. Los niños de al lado han dejado de gritar, ¡menos mal! (menos mal = *heureusement*) → ....
....
5. Vi a François hace tres días. → ....
6. ¿Dentro de cuánto tiempo vas a tener tu nuevo pasaporte? → ....

5 Forme libremente seis frases que contengan *avant, hier après-midi, vendredi prochain, tout à l'heure, maintenant, dans quelques jours, bientôt.*

Exemple : **Nous allons _bientôt_ nous installer dans les Landes.**

1. ....   4. ....
2. ....   5. ....
3. ....   6. ....

Avant et après
Antes y después

- La **anterioridad** se expresa con *avant* que corresponde en español a antes y antes de:

  Avant, j'ai travaillé au Nicaragua dans le café. (Antes, trabajé en Nicaragua, en el café.)

  Lave-toi les mains, avant les repas. (Lávate las manos antes de comer.)

- La **simultaneidad** se expresa con adverbios como *en même temps*, *à la fois* (al mismo tiempo, a la vez):

  Je n'arrive pas à faire deux choses en même temps.

- La **posterioridad** se expresa con adverbios como *plus tard* (más tarde), que se pospone al verbo:

  On en reparlera plus tard.

  Et deux jours plus tard, Dominique a disparu.

o bien, con *après* (después), *puis* (luego), *ensuite* (a continuación). *Après* corresponde en español a después de:

  On fait une petite promenade après dîner ? (¿Damos un paseíto después de cenar?)

 Puis expresa la posterioridad (luego), y no la causa (no confundir con pues en español = *car*):

  Elle a pris une tasse de café, puis elle est partie.

  Prends ton parapluie, car il pleut. (Toma el paraguas, pues está lloviendo.)

---

1 Subraye las palabras que expresan la anterioridad (A), la simultaneidad (S), la posterioridad (P) y escriba al lado A, S o P.

Exemples : *Il était très nerveux avant les réunions.* → **A**

   On va prendre quelque chose après le travail ? → **P**

1. Son récit était à la fois intéressant et banal. → ......

2. Ma mère prend souvent une tisane après manger. → ......

3. On dit qu'avant c'était mieux. → ......

4. Elle participait à la discussion et, en même temps, elle répondait au téléphone. → ......

5. Alors, on se voit au café avant deux heures ? → ......

6. Après les cours, Marion va chercher son frère à l'école. → ......

2 Traduzca las frases siguientes al francés.

1. Isabelle y Massoud se ven más tarde en la cafetería. → ....

2. Antes del espectáculo, había mucho ruido en la sala. → ....

3. Ya me hablará Vd. de ello más tarde, ¿de acuerdo? → ....

4. Después de la lluvia, viene el buen tiempo, ¡pues claro! (pues claro = *voyons*) → ....
....

5. Lucas trabajaba y seguía con los estudios al mismo tiempo. (seguir con los estudios = *poursuivre ses études*) → ....

6. ¿Qué haces después? → ....

3 Componga frases a partir de las indicaciones.

Exemple : Raphaëlle / rentrer / ce soir / plus tard → **Raphaëlle rentrera plus tard ce soir.**

1. On / danser / et / chanter / en même temps → ....
2. Nous / aller manger une pizza / après → ....
3. Il / être sévère mais juste / en même temps → ....
4. L'orage / le ciel / être noir / avant → ....
5. On / vous rappeler / plus tard → ....
6. Monsieur Lamy / être pilote d'aviation / avant → ....

4 Escuche y complete estos intercambios.

Exemple : – Quand est-ce qu'elle a répondu à ton message ?

– Elle m'a envoyé une lettre .... → Elle m'a envoyé une lettre **un mois plus tard.**

1. – Tu vas au bureau ou tu repasses à la maison ?
– Non, non, je ne reviens pas ....

2. – Vous avez déjà tout fait ?
– Ben, oui. Nous avons fait le ménage dans la cuisine et dans la salle ....

3. – Tu te couches tôt .... ?
– Pas du tout, je n'y arrive pas !

5 Escuche de nuevo la grabación del ejercicio n° 4, y compruebe que su ejercicio es correcto.

6 Responda a la pregunta o haga la pregunta, según el caso.

Exemple : – Qui tu as vu avant ? → **– J'ai vu Thierry avant.**

1. – .... ?
– Je rentre chez moi après.

2. – Qu'est-ce que vous faites plus tard ?
– ....

3. – .... ?
– Avant, ils vivaient au Chili.

4. – Tu as retrouvé ton chien ?
– ....

5. – Où êtes-vous allés après ?
– ....

6. – .... ?
– Je te raconterai l'histoire de ma vie plus tard, d'accord ?

Il pleut encore !
¡Otra vez está lloviendo!

● Para expresar la **repetición**, pueden utilizarse:

  ● la forma *fois* que equivale a vez/veces:

  Refais-le <u>une fois</u> ! (¡Hazlo otra vez!)

  ● *encore* en el sentido *de nouveau* (de nuevo, otra vez, una vez más):

  L'ascenseur est <u>encore</u> en panne !

  ● *souvent* (a menudo):

  Je pense <u>souvent</u> à toi.

  ● *tout le temps* (siempre, todo el tiempo):

  Tu dis <u>tout le temps</u> la même chose.

● Para expresar la **duración** pueden utilizarse sustantivos tales como:
moment, *instant*, *seconde* (femenino en francés), *minute* (femenino en francés), *heure*, *jour*, *an*:

  Il a passé <u>trois heures</u> sur Internet.

 Las expresiones *matinée*, *soirée*, *journée*, *année* (frente a: *matin, soir, jour, an*) insisten sobre la **duración** del acontecimiento:

  J'ai passé <u>la journée</u> à nettoyer le jardin.

● Para expresar la **frecuencia**, es decir la repetición o la periodicidad de hechos ocurridos en el tiempo (por ejemplo, los hábitos), se utiliza:

  ● el adjetivo *tous/toutes les…* + *jour, heure, mois, semaine, minute…*:

  Le bus passe <u>toutes les dix minutes</u>. (El autobús pasa cada diez minutos.)

  ● o *une, deux… fois*:

  Un comprimé <u>deux fois par jour</u>. (Una pastilla dos veces al día.)

● Una serie de adverbios indican la **periodicidad**: *jamais* (nunca), *quelquefois* (casi nunca, a veces), *souvent* (a menudo), *toujours* (siempre):

  Ce train n'a <u>jamais</u> de retard.

---

1 Subraye las palabras que expresan la repetición (R), la duración (D), la frecuencia (F) y escriba al lado R, D, F o ø.
Exemples : <u>**Deux fois par semaine**</u>, *on mange du poisson.* → **F**
  Mon frère travaillait chez HSBC avant. → **ø**

1. J'achète ce magazine tous les mois, quand il y a des articles intéressants. → ......

2. Asseyez-vous une minute ou vous êtes pressé ? → ......

3. Cette caméra ne marche pas ; elle est encore en panne ! → ......

4. Il faut prendre ce médicament après les repas. → ......

5. Nous avons dansé toute la soirée ! → ......

6. Patricio a téléphoné de nouveau : il attend une réponse. → ......

2 Traduzca las frases siguientes al francés.

1. Este niño se pasa todo el día delante de la televisión. ¡No puede ser! → ....

2. Vemos a los Doria todos los veranos, en la Costa Azul. (la Costa Azur = *la Côte d'Azur*) → ...
....

3. Tienes que leer unas cuantas páginas cada día. (unas cuantas = *quelques*)→ ....
....

4. Las altas temperaturas van a seguir todavía durante unos días. (las altas temperaturas = *la canicule*) → ....

5. Han trabajado juntos durante mucho tiempo. → ....

6. Un técnico pasa a verificar el sistema informático todas las semanas. → ....
....

3 Escriba frases que expresen la repetición con *encore, de nouveau, toujours, souvent*, etc., a partir de las indicaciones.

Exemple : Hugo / voir, présent / les Hervieu → **Hugo voit toujours les Hervieu.**

1. nous / parler, présent / de vous → ....

2. ce robinet / fuir, présent ! → ....

3. madame Laroche / apporter, présent / des cadeaux / pour les enfants → ....

4. lui, il / être énervé, présent / C'est pénible ! → ....

5. vous / faire, présent, du bricolage / chez vous ? → ....

6. à la télé / on / passer, présent / *Autant en emporte le vent* → ....

4 Escuche y complete los intercambios siguientes.

Exemple : – Mes parents ont .... habité en Tunisie.

   – Et tu allais les voir ....

   → – Mes parents ont **longtemps** habité en Tunisie.

   – Et tu allais les voir **quelquefois**. .

1. – Tu as pris ton sirop ...., comme a dit le médecin ?

   – Oui et non. J'ai dormi .... et j'ai oublié de prendre le sirop ....

2. – Héloïse sort .... avec Enzo ?

   – Oui, mais elle le voit moins .... , ... au maximum.

3. – Je vais m'occuper de cette lampe .... Ça doit être un court circuit.

   – Ce n'est pas urgent. Tu peux faire ça ....

4. José a .... été un peu solitaire ; il est .... chez lui et il sort seulement quand c'est nécessaire.

   – Il est peut-être seulement timide. Tu l'appelles .... ?

Cette année, vacances aux Caraïbes !

¡Este año, vacaciones en el Caribe!

• Para indicar el espacio/lugar con nombres geográficos se emplean las preposiciones siguientes:

  • con **nombres de ciudades**:

à
<u>Nombre de ciudad</u>:   *À Port-au-Prince, à Orange, à Paris.*

  • con **nombres de países**:

au, aux	en
<u>Nombre de país masculino</u>, empezando por consonante: *Au Guatemala, au Bénin, au Pérou.*	<u>Nombre de país femenino</u>: *En Suisse, en Espagne, en Argentine.*
<u>Nombres de países en plural</u>: *Aux Pays-Bas, aux USA.*	<u>Nombre de país masculino</u>, empezando por vocal: *En Iran, en Irak.*

  • con **nombres de regiones**:

dans	en
<u>Nombre de región masculino</u>, empezando por consonante: *Dans le Périgord, dans le Poitou.*	<u>Nombre de región femenino</u> y <u>nombre de región masculino</u> empezando por vocal: *En Normandie, en Anjou, en Catalogne.*

• Para otros usos de estas preposiciones y para otras preposiciones de lugar (→ *Fichas 76 y 77*).

---

1 Lea y subraye las indicaciones geográficas.

Exemple : **En Angleterre**, *des noms de villes se terminent par* chester, *qui signifie château.*

En France, on compte un certain nombre de sites préhistoriques, surtout dans le Sud-Ouest. En Dordogne et dans le Périgord se trouvent de célèbres grottes avec des peintures murales, comme celles de Lascaux ; dans le Lot, celles de Pech-Merle. Des sites de la même période, environ moins 20 000/15 000 ans avant J.-C. ou même plus anciens ont été découverts en Espagne et au Portugal ou en Italie.

2 Elija la palabra adecuada.

Exemple : *Ma tante vit à / en Auvergne.* → *Ma tante vit **en** Auvergne.*

1. Je suis *en / au* Mexique, à Cancun et je pense bien à toi.
2. *Dans les / Aux* Seychelles, c'est toujours l'été !
3. Vous allez souvent *au / en* Luxembourg ?
4. Nous avons une maison *en / à la* Turquie, au bord de la mer.
5. Où est-ce que tu es né, *dans le / à* Lyon ?
6. Nos amis habitent *en / dans la* Bretagne, à Morlaix.

3 Escriba seis frases a partir de la tabla.

Exemple : **Tu es allé à Venise pour Pâques ?**

Nous Les Vigner Tu	aller s'installer (futur proche/passé composé)	en, à, dans, au, aux	le Maroc, les Caraïbes l'Espagne, le Poitou, l'Auvergne Venise, Fez, Casablanca, Toledo	dans… pour… …

4 Complete con la preposición correcta.

Exemple : *Tu es allé .... Chine ? Vraiment ?* → *Tu es allé **en** Chine ? Vraiment ?*

1. Beaucoup de jeunes cherchent du travail à l'étranger, ... Allemagne, ... Suisse ou ailleurs.
2. Nous sommes restés trois jours .... Amsterdam.
3. Leur fils travaille .... Nigéria pour une compagnie pétrolière.
4. .... Périgord, il y a des paysages superbes !
5. Sonia rentre .... France le mois prochain.
6. .... Irlande, la natalité est assez forte : plus de deux enfants par femme !

5 Reemplace las palabras en cursiva según las indicaciones, utilizando la preposición correcta.

Exemple : *David part en Australie voir de la famille. (États-Unis)*
→ *David part **aux États-Unis** voir de la famille.*

1. Le séminaire aura lieu *à Toulon*, du 15 au 18 avril. (Marseille) → ....
....
2. *Aux Pays-Bas*, il y a des fromages très connus. (Italie) → ....
3. *Dans le Languedoc*, on a créé des écoles où on enseigne dans la langue régionale. (Bretagne)
→ ....
4. Je ne suis jamais allé *au Guatemala,* et toi ? (Pérou) → ....
5. Les Grillet vont *au Népal*, en voyage organisé. (Tibet) → ....
....
6. Jean est resté un mois *en Birmanie*, l'année dernière. (Japon) → ....
....

Ici ou là ?

¿Aquí o allí?

- Para **situar** algo en el espacio, se utiliza una gran gama de expresiones léxicas. La indicación de un lugar se efectúa:

  - por medio del nombre *endroit* (lugar, sitio):

    *C'est à quel **endroit**… ?*

  - con el verbo *être* y la preposición *à* («en» en español):

    *Ils **sont à** Salta aujourd'hui.*

  - igualmente con los adverbios *ici* (lugar próximo al locutor), *là* y *là-bas* (lugar alejado del locutor):

    *Viens **ici** !*

  En francés, se tiende a utilizar *là* para designar igualmente un lugar cercano:

  Bonjour. Asseyez-vous là en attendant.

- La **posición relativa** de algo con respecto a otro lugar se expresa:

  - con sustantivos y adjetivos: *extérieur, intérieur, haut, bas, gauche, droit, à gauche, à droite…*

    *C'est là, à **votre gauche**.* (a la izquierda)
    *J'ai mal au côté **droit** ; c'est grave ?* (Me duele del lado derecho…)

  - con una serie de adverbios: *au-dessus (de)/au-dessous (de)* (encima/abajo), *dedans/ dehors* (dentro/fuera), *devant/derrière* (delante/detrás), *en haut/en bas* (arriba/abajo) *à gauche (de)* (a la izquierda de), *à droite (de)* (a la derecha de):

    *Passe **devant** ! Tu vas être mieux !*

  - con las preposiciones siguientes + sustantivo: *devant/derrière, sur/sous* (sobre/ debajo de), *avant/après* (antes/después):

    *Tes lunettes étaient **sous** le journal !*

  y con *à côté de* y *en face de* (al lado de, enfrente de):

    *On habite **en face de** l'hôpital.*

- Otras preposiciones para indicar el espacio/lugar son *à, dans, en* (→ Fichas 75 y 79):

  Je vais à l'opéra ce soir.

1 Subraye las palabras que sirven para indicar el lugar.

Exemple : Ton bureau, c'est à __quel endroit__ précisément ?

1. Mais quel désordre ici !

2. Ah ! Vous êtes déjà là ?

3. Sur le mur extérieur il y a des fissures. Tu as vu ?

4. Le *Café Le Franc Tireur* est juste à côté, à gauche.

5. C'est beau ici ! Et dehors la vue est magnifique !

6. Demain et après-demain, je suis là ; j'ai un rendez-vous important.

2 Escuche y marque con una cruz el sonido [y], como en *tu*.

*Exemple : **Sur** la chaise !* → **[y]**

[y]

1. ☐
2. ☐
3. ☐
4. ☐
5. ☐
6. ☐

3 Escuche y complete esta conversación.

Valérien, 15 ans, et sa mère.

– Maman, je ne trouve pas la commande de la télé.

– Elle doit être .... la petite table, comme d'habitude.

– Elle n'y est pas.

– Regarde .... le tiroir, à côté.

– Non, il n'y rien ....

– Elle est peut-être tombée .... la télé.

– Oui, elle est .... !

4 Reemplace las palabras en cursiva por expresiones de lugar que tengan el sentido opuesto.

Exemple : Vous prenez la première à gauche. → *Vous prenez la première **à droite**.*

1. Ton journal est là, *sous* le buffet. → ....

2. Il y a une nouvelle boutique juste *devant* le kiosque. → ....

3. *Au-dessus* de la fenêtre, la peinture est abîmée. → ....

4. J'ai trouvé ce sac *en haut* de l'escalier. → ....

5. *Dehors* il fait bon. → ....

6. Vous avez bien regardé *au-dessous* de l'étagère ? → ....

5 Escuche la grabación del ejercicio n° 4, y compruebe que su ejercicio es correcto. Luego, repítalo en voz alta cuidando la pronunciación.

Par cœur

De memoria

- Las preposiciones *par, pour* en francés y las preposiciones *por, para*, en español, son comparables en su empleo. Ahora bien, también existen diferencias que es preciso conocer para evitar errores.

PAR

- La preposición *par* indica:

  - la causa: *par ta faute* (por culpa tuya); *par amour*

  - el medio: *par la poste, par téléphone, par mail...*

  - el agente: *cela a été dessiné par ta petite-fille ?*

  - el lugar: *passez par ici...*

  - la distribución: *dix euros par personne, deux fois par semaine* (dos veces por semana)...

- Equivale normalmente a la preposición española *por*.

 Ahora bien, no siempre la preposición española *por* equivale a *par*:

  Elle se promène souvent dans le bois de l'Alhambra.
  (Pasea <u>por</u> el bosque de la Alhambra a menudo.)

- Se emplea *par* igualmente en las construcciones verbales *commencer par, finir par*:
  Il a fini par nous donner raison. (Ha acabado dándonos la razón.)
  Il a commencé par le récit de sa vie.

POUR

- La preposición *pour* indica:

  - el lugar de destino: *Les voyageurs pour Santiago de Chili sont priés de se rendre...* (para)

  - la finalidad: *Cette lettre est pour toi. Un pour tous, tous pour un.* (para)

  - la causa : *Il est licencié pour faute professionnelle.* (por)

- Equivale normalmente a *para*, si bien en determinadas expresiones equivale a *por*:
  Pour la dernière fois... (Por última vez...)
  J'ai fait cela pour toi. (He hecho esto por ti.)
  J'ai acheté cette table pour 20 €. (He comprado esta mesa por 20 €.)

 Recuerde las expresiones siguientes:

  Tu me prends pour qui ? (¿Por quién me tomas?)
  Œil pour œil, dent pour dent. (Ojo por ojo, diente por diente.)
  Par cœur. (De memoria.)

1 Lea las frases y subraye los empleos de *par*.

Exemple : Nous avons su qu'il était malade par un ami commun.

→ *Nous avons su qu'il était malade **par un ami commun**.*

1. Pour aller à Lyon, je suis passé par Auxerre.

2. Xavier a envoyé ce colis par avion. Il est pour toi.

3. Jean-Claude part par le TGV de 7 h 45.

4. Les vainqueurs du concours sont attendus par les autorités dans la salle *Jean Moulin*.

5. L'entrée du musée est de sept euros par personne.

6. Ils ont fait ça par amitié.

2 En las frases del ejercicio nº 1, ¿qué indica el empleo de *par*? Marque con una cruz la respuesta correcta.

Par indique :	Phrases	1	2	3	4	5	6
• le lieu (passage, mouvement)		☐	☐	☐	☐	☐	☐
• le moyen		☐	☐	☐	☐	☐	☐
• l'agent (personne, chose) d'une action		☐	☐	☐	☐	☐	☐
• la cause		☐	☐	☐	☐	☐	☐
• la distribution		☐	☐	☐	☐	☐	☐

3 Complete con *par* o *pour*.

Exemple : J'ai acheté ces fleurs......... toi, mon amour. → *J'ai acheté ces fleurs **pour** toi, mon amour.*

1. Cette nouvelle est diffusée .... une agence de presse.

2. Nous sommes allés en Bretagne .... le mariage de Maxence.

3. Il faut manger quatre ou cinq fruits .... jour. Tu le savais ?

4. La route .... Orange est bloquée depuis ce matin.

5. .... prudence, je n'ai rien dit.

6. Ils sont un exemple .... nous tous.

4 Añada un complemento con *par* o *pour*, con la ayuda de las indicaciones.

Exemple : ils ont invité tous leurs proches → *Ils ont invité tous leurs proches **pour l'occasion**.*

l'occasion - le train de 8 h - l'achat de produits de luxe - le premier ministre - le quartier des Lilas - les deux cents délégués - personne.

1. la visite du château coûte douze euros → ....

2. on arrive mardi après-midi → ....

3. il faut continuer tout droit → ....

4. les critiques de l'opposition sont sans fondement → ....

5. les visiteurs étrangers dépensent beaucoup d'argent → ....

6. les travaux du Congrès sont suivis avec intérêt → ....

5 Forme seis frases a partir de la tabla.

Exemples : **On a fini par aller au restaurant.**

On commence par La Marseillaise et on finit par l'Hymne à la Joie.

Ils Nous On	finir par commencer par (présent, passé composé)	nom infinitif	. . . . . .

Pour quoi faire ?

¿Para qué?

- Se exponen aquí los medios más habituales para expresar nociones generales como la causa, la consecuencia, la finalidad.

- **La causa** puede expresarse a través de:

  - preposición + sustantivo: *à cause de, avec, grâce à, par, pour* (→ Ficha 76):
    *Il doit redoubler **à cause de** ses mauvais résultats.*
    (Tiene que repetir curso por los malos resultados.)

  - dos oraciones unidas con la conjunción de coordinación *car* (pues):
    *Elle n'est pas venue **car** il pleuvait.*

  - dos oraciones yuxtapuestas:
    Je ne vais pas sortir. Il pleut.

  - dos oraciones unidas con la conjunción de subordinación *parce que* (porque):
    *– Pourquoi tu ne viens pas avec nous ? – **Parce que** je n'en ai pas envie.*

  - *pour* + infinitivo:
    *– Pourquoi elle est venue ? – **Pour** s'excuser.*

- **La consecuencia** puede expresarse a través de:

  - una preposición como *jusqu'à* (hasta), *pour*:
    *Il s'est ému **jusqu'**aux larmes.*
    *Je suis trop fatigué **pour** continuer à travailler.*

  - dos oraciones unidas con la conjunción de coordinación *alors* (entonces, pues), *donc* (por tanto), *en conséquence, par conséquent* (en consecuencia):
    *Il y a de la fumée ; **donc**, il y a du feu.*

- **La finalidad** puede expresarse a través de:

  - preposición + nombre o infinitivo: *à, de, pour* (→ Fichas 75 y 76):
    *un fer **à repasser*** (una plancha), *des chaussures **de** ski*

  - dos oraciones unidas con la conjunción de subordinación *afin de* o *pour* + infinitivo:
    *Elle a fermé la fenêtre **afin d'**éviter les courants d'air.*
    *Je fais des économies **pour** acheter une moto.*

1 Subraye las frases en las que se expresa la causa.

Exemple : *Exemple : Il court parce qu'il est en retard.* → *Il court* **parce qu'il est en retard**.

1. Nous avons tout fait pour leur confort.

2. Le train est arrivé en retard à cause d'une panne d'électricité.

3. Avec tous ces travaux, la circulation est ralentie.

4. Pour la tranquillité de tout le monde, ne faites pas de bruit après 22 h.

5. Renaud n'a pas réagi, car il n'a pas eu notre message.

6. Vous devez me donner votre avis parce que c'est important.

2 Marque con una cruz las frases en la que se expresa la consecuencia.

Exemple : *J'ai sonné, il n'y avait personne, alors je suis rentrée.*

→ *J'ai sonné, il n'y avait personne,* **alors je suis rentrée.**

1. Didier est très têtu ; par conséquent il n'écoute jamais personne. ☐

2. On a cherché des informations sur Internet pour pouvoir répondre au questionnaire. ☐

3. Il n'y avait pas de taxi, alors nous avons fait de l'auto-stop. ☐

4. Ils ont mis le volume de la télé très fort et tout le monde s'est réveillé. ☐

5. Le bureau était fermé ; je n'ai parlé à personne. ☐

6. Je n'entends rien avec ce bruit. ☐

3 Una las dos partes de las frases siguientes.

Exemple : *1. Je voyage*   *a. pour mon plaisir.* → *Je voyage pour mon plaisir.*

1. Tous les pays s'engagent

2. Le directeur a tout essayé

3. Virginie a vu que le frigo était vide

4. Il souffre d'insomnie,

5. Par jeu, on se déguisait

6. Ce soir-là, madame Auriol se dépêchait de rentrer

a. pour la réussite du plan contre la faim.

b. pour ne pas être reconnus.

c. afin d'être à la maison avant dîner.

d. et elle est sortie faire des courses.

e. afin d'éviter la faillite de son entreprise.

f. alors il lit la nuit.

4 Escuche la grabación del ejercicio nº 3 y compruebe si su ejercicio es correcto.

5 A partir de las indicaciones, invente 4 eslóganes, utilizando *pour + infinitif, pour + nom.*

Exemple : *Pour une conduite sécurisée, nouvelle Dolce Vita Slimo XP !*

1. un vélo d'appartement (SV- Roulex 225 BIKE) **2.** des croquettes pour chats (Chat-Chat)

3. une chaîne de meubles à bas prix (Domus) **4.** une eau de toilette pour hommes (Vigueur)

Ayúdese de las palabras siguientes:

– forme/équilibre physique, bien-être/poil brillant, fonctionnel…

– parfait, résistant, design, moderne, gourmand, densité, senteur de bois, audace…

1. ....

2. ....

3. ....

4. ....

À demain
Hasta mañana

À

● La preposición *à* puede indicar:

  ● el **tiempo**:

  > *à Pâques* (en Semana Santa)*; le film est à 8 heures.*

  ● la **posesión** o la relación del sujeto con un objeto:

  > *– À qui est ce foulard ? – Il est à moi !* (–¿De quién es este pañuelo ? –Mío.)

  ● el **lugar** (delante nombre de ciudad → *Ficha 75*):

  > *Les jeux olympiques se sont passés à Londres, en 2012.* (en Londres)

  ● el **uso**, el **estado**, la **utilidad**, el **modo**, las **características** de algo:

  > *Il va à vélo.* (va en bici) *Elle est au chômage.* (en paro)
  >
  > *une cuillère à soupe* (una cuchara sopera), *une jupe à carreaux* (una falda de cuadros), *une tasse à café* (una taza de café)…

CHEZ

● Chez indica el lugar en que uno vive (en casa de, a casa de), y el lugar de trabajo de algunos profesionales *Je vais **chez** le dentiste* = Voy al dentista, le boulanger, etc. y se utiliza delante del nombre de una comunidad: ***chez** les Égyptiens.*

> *Je rentre **chez** moi.* (a mi casa)
> *Va **chez** le boucher et achète des saucisses de porc.* (a la carnicería)
> *Lévi-Strauss a vécu **chez** les indigènes d'Amérique du sud.* (entre/con los indígenas…)
> *« Tout est bon **chez** elle, il n'y a rien à jeter… »* (G. Brassens) (en ella)

DANS

● *Dans* indica:

  ● el **lugar** (→ *Ficha 75*) dentro del cual algo está situado o bien algo ocurre (= dentro de, en):

  > *Ne cherche plus, la montre est **dans** ma poche.*

  ● el **periodo de tiempo** (→ *Ficha 72*) en el que se prevé que ocurra algo (= dentro de):

  > ***Dans** un mois, ce sera l'été.*

EN

● La preposición *en* se utiliza:

  ● para expresar el **lugar al que se va** (→ *Ficha 75*):

  > *Ils vont **en** France pour les vacances.* (Van a Francia…)

  ● para indicar el **estado** en que algo/alguien está, el **modo** de ir vestida una persona, la **utilidad** de algo, la **materia** de la que algo está hecho:

  > *en vacances* (de vacaciones), *en morceaux* (en pedazos), *en pyjama* (en pijama), *en titanium* (de titanio).

1 Elija la preposición adecuada para completar las frases siguientes.

Exemple : Ce chemisier de / à carreaux me plaît ! → Ce chemisier **à** carreaux me plaît !

1. *En / Dans* le centre-ville les rues sont piétonnes.

2. *En / Au* Maroc, la saison touristique dure toute l'année.

3. *À / Chez* nos voisins, on fait une fête, ce soir.

4. Ce bracelet est *en / dans* or et argent.

5. Avant de servir, il faut ajouter une cuillerée *de / à* soupe de crème fraîche.

6. Étienne et Delphine vont *aux / en* Caraïbes, à Noël.

2 Reemplace las palabras en cursiva con un complemento que corresponda a *chez* o bien a *à*.

Exemple : Dans l'appartement d'Adriana *il y a trop de meubles !*
→ **Chez Adriana** il y a trop de meubles !

1. La réunion s'est tenue à une centaine de kilomètres au nord de Paris, *dans la ville d'Amiens.* → ....

2. Je vais *voir le physiothérapeute* cette semaine. → ....

3. *Dans la maison d'Elsa*, les fenêtres sont toujours fermées, même s'il fait chaud. → ....

4. Nous avons fait une halte *dans le village de Rocamadour*, en Dordogne............................. ....

5. Ils reçoivent beaucoup d'amis *à la maison.* → ....

6. *En Égypte,* pendant cinq mille ans, la religion était très présente dans la vie quotidienne. → ....

3 Escuche y complete los intercambios siguientes.

Exemple : – Elles sont belles, tes tasses .... café ! – Oui, c'est un cadeau de Maïa.
→ Elles sont belles, tes tasses **à** café ! – Oui, c'est un cadeau de Maïa.

1. – Tu es passé .... le cordonnier ?
– Ah ! Non, j'ai oublié. J'irai demain matin tôt, avant d'aller .... bureau.

2. – Il est très beau ton sac ; il est .... quoi ?
– .... cuir, je crois, mais il y a aussi du tissu avec ces motifs assez originaux.

3. – Tu es fatigué ? Tu veux rentrer .... la maison
– Non, non, ça va ; on va rester jusqu'à la fin. Ce spectacle est tellement beau !

4 Complete con las preposiciones *dans, en* o bien *à* + artículo, si es preciso.

Exemple : Quel désordre .... chambre de Cyrille ! → Quel désordre **dans la chambre** de Cyrille !

1. Parfois, il faut chercher l'orthographe d'un mot .... dictionnaire.

2. Ces touristes font un voyage .... France, ... Royaume-Uni et .... Espagne, en très peu de temps.

3. Il y a des musiciens .... rue ; tu entends ?

4. J'ai cherché partout ce papier et il était .... tiroir de la table !

5. Jean a fait cinq cents kilomètres .... moto, en une seule fois !

6. .... bientôt ! On se voit .... une semaine, alors.

Mais non, mais non !

¡Pues no!

- **La oposición** permite contraponer dos ideas o dos hechos. Se expresa a través de:

  - dos oraciones unidas con *par contre*, *au contraire* (por el contrario) o *mais* (pero):

    *Ce n'est pas moi, **mais** lui qui a dit cela.* (No soy yo sino él el que dijo eso.)

  - dos oraciones unidas con *tandis que* (mientras que):

    *Ils travaillent encore **tandis que** nous, on a déjà fini.* (Aún están trabajando, mientras que nosotros, hemos acabado.)

- **La concesión** permite refutar una idea o un hecho que en principio podría derivarse lógicamente de otra idea o hecho previo, o bien una causa que no produce el efecto esperado. Se expresa a través de dos oraciones unidas con *mais* (pero) o *pourtant* (sin embargo):

  *Il faisait froid, **pourtant** il se promenait sans chapeau.* (Hacía frío ; sin embargo, paseaba sin sombrero.)

 Es preciso no confundir: *pourtant*, que expresa la concesión *(sin embargo)* y por tanto, que expresa la consecuencia *(par conséquent)*, pues la frase cambia por completo de sentido:

  *Elle possède un CV magnifique, **par conséquent** elle a obtenu ce poste.* (Posee un CV magnífico ; por lo tanto, ha obtenido el puesto de trabajo.)

  *Elle possède un CV magnifique, **pourtant** elle n'a pas obtenu ce poste.* (Posee un CV magnífico ; sin embargo, no ha obtenido el puesto de trabajo.)

- **La hipótesis** (condición) y **la suposición** permiten relacionar dos ideas o hechos condicionando la realización de uno a la realización de otro. Se expresa habitualmente a través de dos oraciones unidas por la conjunción de subordinación *si* (si). *En cas de* indica la suposición:

  *Tu peux venir avec nous, **si** tu veux.*
  ***Si** tu pars, je pars aussi.*
  ***En cas d'**incendie, appelez le 112.*

---

1 Diga si las frases siguientes expresan la hipótesis (H), la concesión (C) o la oposición (O).

*Exemple : Elle est inscrite à l'université **mais elle travaille déjà**. **C***

1. Si le garagiste répare la voiture pour demain, tu viens me chercher ? → ......
2. Valérien n'aura pas ce poste ; pourtant il a un très bon CV. → ......
3. Cette pièce est agréable, mais dans la salle il y a trop de meubles. → ......
4. Je vais m'occuper du compte-rendu de la réunion d'hier, si j'ai le temps. → ......
5. Cet article a une garantie de trois ans, mais l'autre est moins cher. → ......
6. Nous continuons cette expérience, si les actionnaires sont d'accord. → ......

2 Una los componentes de las frases que están separados en dos columnas, mediante una conjunción de concesión: *mais* o *pourtant*.

Exemple : I. On voit la lune.   a. .... il y a déjà des nuages qui arrivent.
→ **On voit la lune, mais il y a déjà des nuages qui arrivent.**

1. Maintenant ils sont contents,
2. Il n'est jamais fatigué,
3. Ils ne sont pas d'ici,
4. Ces gens sont modestes,
5. La présence du président n'est pas confirmée ;
6. Martin est jeune

a. .... ils sont généreux.
b. .... la conférence aura lieu, comme prévu.
c. .... il occupe un poste de responsabilité.
d. .... leur vie a été dure.
e. .... il est toujours en mouvement.
f. .... ils connaissent très bien notre ville.

3 Complete las frases para expresar la oposición mediante *mais, tandis que*.

Exemple : Cette photo est mal cadrée... → Cette photo est mal cadrée **tandis que celle-ci est parfaite !**

1. Monsieur Ribault travaille au ministère des Finances ....
2. Lui, il a l'air de s'ennuyer ....
3. Je ne sais pas utiliser ce programme ....
4. Élodie apprend vite ....
5. Aujourd'hui il fait gris ....
6. Cette rue est en pente ....

4 Exprese la condición, en presente, y su consecuencia, en presente o en futuro próximo, a partir de las indicaciones.

Exemple : tu, rentrer, tôt, ce soir / tu, réparer le robinet la cuisine
→ **Si tu rentres tôt ce soir, tu répares/tu vas réparer le robinet de la cuisine.**

1. vous, choisir ce canapé / la livraison, être gratuite → ....
2. on, ne pas confirmer, aujourd'hui / on, perdre, notre réservation → ....
3. vous, refuser cette offre / il, falloir justifier votre choix → ....
4. tu, voir Edwige / tu, la saluer de ma part → ....
5. je, avoir le temps / je, passer vous chercher → ....
6. Baudouin, réussir son concours / il, être embauché tout de suite → ....

5 Escuche y complete esta conversación.

Conversation téléphonique entre madame Brunot et son fils, Charles, 16 ans.

– Charles, tu n'es pas encore parti ? .... !

– Oui, mais j'ai mal à la gorge ; ...., je risque de devoir rentrer avant.

– Tu as vraiment très mal ?

– Euh, oui, un peu.

– Bon, on va voir ça plus tard. Pour l'instant, bois quelque chose de chaud et reste au lit.

– Dis maman, ..., je peux aller déjeuner avec lui ? Tu sais, Roberto n'a pas cours le jeudi après-midi.

– Non, tu restes à la maison ! Et pour ton mal à la gorge, tu vas m'expliquer ça ce soir !

LE PROPONEMOS COMPROBAR SUS CONOCIMIENTOS.

Usted encontrará a continuación 2 tests (o pruebas): el primero versa sobre los contenidos de las fichas 1 a 40, el segundo sobre todos los contenidos (fichas 1 a 80). Cuente un punto por respuesta correcta y obtendrá el total (es decir …/100).

A continuación, es usted quien debe evaluar sus conocimientos. Pero no olvide que la práctica lo puede todo y que nada se consigue sin la práctica.

1 Utilice el pronombre sujeto correspondiente según las indicaciones entre paréntesis.

Exemple : Ils parlent espagnol et allemand. (Maria) → **Elle parle** *espagnol et allemand.*

1. Nous rentrons tard. (les enfants) → ....

2. J'arrive en voiture. (Tom et moi) → ....

3. Il reste encore un jour. (nos amies) → ....

4. Tu regardes le paysage ? (Cécile et toi) → ....

5. Ils parlent toujours des vacances. (Justine) → ....

6. Vous parlez de qui ? (le journaliste) → ....

2 Añada los artículos correspondientes.

Exemple : Quelle est …… couleur de ses yeux ? → *Quelle est* **la** *couleur de ses yeux ?*

1. Luc a de la fièvre ; il a …… front très chaud.

2. Sors …… lait du frigo.

3. Magali est …… fille de Lynda.

4. …… printemps est en retard.

5. …… année prochaine, nous allons en Bolivie.

6. J'ai mal au genou ; …… douleur est très forte.

3 Transforme las frases según las indicaciones dadas entre paréntesis.

Exemples : Elle veut rentrer tôt. (je) → **Je veux** *rentrer tôt.*

Je pourrais être à la maison vers 20 h. (nous) → **Nous pourrions** *être à la maison vers 20 h.*

1. Est-ce que tu veux encore du café ? (vous) → ....

2. Vous pouvez prendre le métro ou le tram. (tu) → ....

3. Elle pourrait demander une augmentation. (ils) → ....

4. Vous voudriez bien me passer le sel ? (tu) → ....

5. Nous pouvons attendre. (il) → ....

6. Nous voulons changer de ville. (elles) → ....

4 Una los elementos para formar frases.

Exemple : 1. Tu   a. fais attention aux voitures, d'accord ?

      → **Tu fais attention aux voitures, d'accord ?**

1. Qu'est-ce que vous   a. font partie d'un groupe musical.

2. Ils   b. avons fait la liste des courses.

3. Nous   c. fait semblant de dormir.

4. J'   d. as fait un gâteau ?

5. Tu   e. ai fait vite.

6. Il   f. faites dans la vie ?

5 Complete los intercambios siguientes con *pourquoi* y/o *parce que*.

Exemple : – .... *tu es triste ?* – .... *j'ai eu une mauvaise note.*

→ – **Pourquoi** *tu es triste ?* – **Parce que** *j'ai eu une mauvaise note.*

1. – Pourquoi Marie n'est pas là ?

– .... elle est encore chez le coiffeur.

2. – .... tu ne manges pas ?

– .... je n'ai pas faim.

3. – .... vous avez invité les Roulin.

– Ils sont sympathiques finalement.

4. – Pourquoi tu laisses la lampe allumée ?

– .... j'ai peur de la nuit.

5. – Tu n'es pas bien, ... ?

– J'ai des soucis en ce moment.

6. – Ils sont partis en Allemagne, ... ?

– .... ils ont trouvé du travail là-bas.

6 Complete las frases interrogativas con *qui, que, où, d'où, quand, quel* o *comment*, según el sentido de las frases.

Exemple : .... *vient demain soir ?* → **Qui** *vient demain soir ?*

1. .... s'appelle la petite ?

2. .... vient cette carte postale ?

3. .... est votre numéro de téléphone, s'il vous plaît ?

4. .... signifie *cacahouète* ?

5. .... fait le ménage, aujourd'hui ? Toi ou moi ?

6. .... venez-vous nous voir ?

7 Transforme las frases, según las indicaciones. Tenga cuidado con la concordancia del participio pasado si el verbo está conjugado con el auxiliar *être* !

Exemple : Mon frère est arrivé hier soir. (mes amis) → **Mes amis sont arrivés** hier soir.

1. Il est surpris de notre visite. (elle) → ....

2. J'ai dû aller à la gare changer les billets. (Fred) → ....

3. Solène a trouvé un autre travail. (je) → ....

4. Tu as écrit au syndic de l'immeuble ? (vous) → ....

5. Myriam a eu une bonne nouvelle ! (monsieur et madame Suger) → ....

6. Ils sont restés à Montpellier tout l'été. (elles) → ....

8 Ponga las frases en la forma negativa.

Exemples : Je sais où il va. → **Je ne sais pas où il va.**

J'ai acheté quelque chose pour vous. → **Je n'ai rien acheté** pour vous.

1. Le chat a encore faim. → ....

2. Quelqu'un vient te chercher au bureau. → ....

3. Nous avons oublié quelque chose. → ....

4. J'ai sommeil. → ....

5. Ces phrases sont correctes. → ....

6. Il sait nager. → ....

9 Haga las sumas siguientes en voz alta y escriba el resultado.

Exemple : 25 + 18 = 43 → *Vingt-cinq plus dix-huit égalent* **quarante-trois.**

1. 31 + 51 = 82 → ....
2. 90 + 6 = 96 → ....
3. 14 + 22 = 36 → ....
4. 72 + 5 = 77 → ....
5. 200 + 41 = 241 → ....
6. 44 + 62 = 106 → ....

10 De consejos, haga propuestas con *pouvoir,* en el condicional.

Exemple : tu / faire des économies → **Tu pourrais faire des économies.**

1. on / aller voir Roxana / à Aix → ....
2. vous / planter des lauriers / dans votre jardin → ....
3. tu / recommencer à jouer de la flûte → ....
4. on / attendre encore un peu → ....
5. vous / nous dire comment faire → ....
6. tu / repasser ton examen en septembre → ....

11 Complete con los pronombres *je, te, il...* y *moi, toi, lui...* etc., según convenga.

Exemple : ......, ... *n'ai pas envie de sortir.* → **Moi, je** *n'ai pas envie de sortir.*

1. ......, qu'est-ce que tu fais aujourd'hui ?
2. Vous achetez quelque chose, ... ?
3. ......, ... discutes encore avec lui ?
4. ......, ils ont toujours raison !
5. ......, ... êtes encore là ?
6. ......, ... ai fini pour aujourd'hui.

12 Transforme las frases utilizando *on*.

Exemple : *Nous sommes pris aujourd'hui.* → **On est pris** *aujourd'hui.*

1. Nous sommes allés voir Javier. → ....
2. Ici, les commerçants parlent anglais et espagnol. → ....
3. Quelqu'un a laissé un message sur le répondeur. → ....
4. Nous avons presque fini. → ....
5. Pendant l'hiver, les gens allument le chauffage, surtout le soir. → ....
6. Quelqu'un a oublié ce téléphone sur la table. → ....

13 Transforme las frases utilizando *falloir* en vez de *devoir* y viceversa.

Exemple : *On doit faire réparer la machine à laver.* → **Il faut** *faire réparer la machine à laver.*

1. Avant d'entrer, il faut appuyer sur le bouton et pousser. → ....
2. On doit s'arrêter pour mettre de l'essence. → ....
3. Il faut attendre notre tour. → ....
4. Est-ce qu'on doit acheter autre chose ? → ....
5. Il faut noter le numéro de cette voiture ! → ....
6. On doit déjà rentrer, dommage ! → ....
7. Il faut le convaincre. → ....

14 Lea y complete las frases con las expresiones que indican la fecha, el año, el día, etc.

Exemple : (mois, avril), il y a les vacances de printemps.

→ ***Au mois d'avril,** il y a les vacances de printemps.*

1. En France, (septembre), c'est la rentrée. → ....

2. (25 mars), c'est l'anniversaire de Catherine. → ....

3. (1995/1998), le docteur Roussey a séjourné à Paris. → ....

4. On est (2/5) et il fait encore froid. → ....

5. Madame Duflot prend son petit déjeuner (7 h 30). → ....

6. (été), les cigales chantent toute la journée. → ....

7. Aujourd'hui, nous sommes (mardi ou mercredi) ? → ....

15 Reemplace las palabras en cursiva por el pronombre personal correspondiente.

*Exemple : J'aime beaucoup ce pays ! → **Je l'aime beaucoup !***

1. Écris *ce message* tout de suite ! → ....

2. On a vu *François* hier. → ....

3. Préviens *Amina et Mathias*. → ....

4. Appelle *Alice et moi*, ce soir. → ....

5. J'ai accompagné *mon collègue* chez lui. → ....

6. On garde *le chien de Léo* cette semaine. → ....

7. N'invite pas *Flora*, elle est insupportable ! → ....

16 Inserte el pronombre personal en el lugar adecuado, según las indicaciones.

*Exemple : J'ai répondu par mail. (ils) → Je **leur** ai répondu par mail.*

1. Je demande l'addition ? (il) → ....

2. Qu'est-ce que vous avez dit ? (ils) → ....

3. On a expliqué comment ça marche. (me) → ....

4. Tu as parlé ? (elle) → ....

5. Vous pouvez expliquer cette règle, monsieur ? (je) → ....

6. Est-ce que tu as envoyé les photos ? (elles) → ....

7. Racontez votre version des faits. (nous) → ....

1 Transforme las frases del singular al plural, como en el ejemplo.

Exemple : Ce livre ne dit rien d'intéressant. → **Ces livres ne disent rien d'intéressant.**

1. Mon amie va arriver mardi soir. → ....

2. Le journal d'aujourd'hui donne des informations contradictoires. → ....

3. Ce bijou est très beau ! → ....

4. Il est toujours très curieux. → ....

5. Le prix des légumes a augmenté. → ....

6. Un bateau a eu des problèmes à cause du vent. → ....

2 Transforme las frases según las indicaciones.

Exemple : Est-ce que tu as froid ? (vous) → Est-ce que **vous avez froid ?**

1. On a peur de se tromper. (je) → ....

2. J'ai faim. Est-ce qu'il y a quelque chose au frigo ? (nous) → ....

3. Tu as besoin d'aide ? (vous) → ....

4. Il a eu raison d'insister. (tu) → ....

5. Vous auriez peut-être envie de vous reposer. (tu) → ....

6. Ils ont sommeil ; ils sont très fatigués. (elles) → ....

3 Ponga las palabras en cursiva en singular o en plural, y efectúe las transformaciones necesarias en las frases.

Exemple : Vos idées sont claires, *monsieur.* → **Votre idée est claire**, *monsieur.*

1. *Mon collègue* habite en banlieue. → ....

2. *Tes valises* sont bien celles-là ? → ....

3. *Leurs frères* ont travaillé en Argentine. → ....

4. *Ton cadeau* de Noël était superbe, cette année ! → ....

5. *Notre avis* n'intéresse personne, malheureusement. → ....

6. *Son copain* est parti en Australie ; elle se sent seule. → ....

4 Transforme las frases siguientes del presente de indicativo al imperativo.

Exemple : Tu ne fais pas ça, d'accord ? → **Ne fais pas ça**, d'accord ?

1. Vous croyez ce qu'il dit. → ....

2. Tu rentres en taxi ce soir. → ....

3. Vous apprenez ce poème par cœur pour demain. → ....

4. Tu ne finis pas ton travail. Il est tard. → ....

5. Vous roulez doucement sur l'autoroute. → ....

6. Tu ne restes pas sans rien faire ! → ....

5 Añada las expresiones de tiempo a las frases, en el presente.

Exemple : Aujourd'hui, (faire beau) → Aujourd'hui, **il fait beau.**

1. Moi, j'habite dans les Pyrénées et (neiger) souvent dans mon village. → ....

2. Ce matin, (faire doux) : c'est agréable ! → ....

3. On ne peut pas téléphoner à Marc : (être 10 h). → ....

4. (être 12 h) ou (12 h 30) ? → ....

5. Mets ton manteau, (faire froid). → ....

6. Dis, quel temps fait-il à Bordeaux ? (faire mauvais) ? → ....

6 Una las dos partes de las frases.

Exemple : 1. Ils   *a. se rencontrent à l'arrêt du bus.* → **Ils se rencontrent à l'arrêt du bus.**

1. Tu
2. Candice et sa sœur
3. Vous
4. Je
5. On
6. Nous

a. me souviens de mon premier voyage en Espagne.
b. t'occupes des réservations ?
c. nous promenons souvent sur la plage, le matin tôt.
d. se voit dimanche ?
e. se ressemblent beaucoup.
f. vous levez à quelle heure demain ?

7 Cambie el sujeto y modifique el resto de la frase, si es necesario.

Exemple : Elle est venue pour prendre de nos nouvelles. **(ils)**

    → **Ils sont venus** pour prendre de nos nouvelles.

1. Mathieu est tombé et il a beaucoup pleuré. (Mélanie) → ....
2. Je suis entré dans cette boutique l'autre jour. (nous) → ....
3. Tu es né dans quelle ville ? (Lucie) → ....
4. Est-ce que vous êtes allés au marché hier ? (Diego et Déborah) → ....
5. Il est revenu quand du Japon ? (elle) → ....
6. Nous sommes montés en haut de la tour Eiffel. (je)→ ....

8 Reemplace los nombres por infinitivos que tengan el mismo sentido y modifique el resto de la frase, si es necesario.

Exemple : Les voyages peuvent être très utiles. → **Voyager peut être très utile.**

1. *L'engagement* pour une cause juste forme les jeunes. → ....
2. *La réflexion* est nécessaire avant de prendre une décision importante. → ....
   ....
3. Parfois, *la vie* n'est pas facile. → ....
4. *L'oubli* n'est pas toujours négatif. → ....
5. *L'achat* de produits de proximité sur Internet est une chose pratique. → ....
   ....
6. *L'écoute* de la musique me détend. → ....

9 Conteste a las preguntas, utilizando los adverbios *beaucoup* (++), *trop* (+++), *peu* (-) para expresar la cantidad, según las indicaciones.

Exemple : Tu as vu des films dernièrement ? (++) → **Oui, oui, j'ai vu beaucoup de films.**

1. Est-ce qu'il est fatigué ? (+++) → ....
2. Est-ce qu'il mange bien, le petit ? (++) → ....
3. Y avait-il du monde à la réunion ? (-) → ....
4. Combien de plantes avez-vous dans votre jardin ? (++) → ....
5. Est-ce qu'il y a du bruit dans cet immeuble ? (-) → ....
6. Est-ce qu'il fait chaud à Grenade, aujourd'hui ? (+++) → ....

10 Exprese la intensidad por medio de una comparación (p = *plus* ; m = *moins* ; a = *aussi*). Ponga las frases en imperfecto.

Exemple : Martin / être / attentif / d'habitude (a) → **Martin était aussi attentif que d'habitude.**

1. Il / faire / froid / hiver précédent (p) → ....

2. Ces gens / être / sympathique / nos amis (m) → ....

3. Son père / être / optimiste / lui (a) → ....

4. Elle / être / charmante / toutes ses collègues (p) → ....

5. Ses textes / être / difficile / les autres (a) → ....

6. Sa lettre / être / long / celle d'avant (m) → ....

11 Inserte los adjetivos siguientes en el lugar adecuado y concuérdelos con el nombre.

Exemple : Nous avons visité un site de ruines. → Nous avons visité un site de ruines **romaines.**

romain - carré - présidentiel - joli - long - rouge - excellent

1. C'est un vase. → ....

2. Ils ont eu une idée. → ....

3. La voiture était noire. → ....

4. Tu as une robe. → ....

5. C'était une maison en briques. → ....

6. C'est la journée la plus de l'année. → ....

12 Transforme las frases, según el ejemplo.

Exemple : Ils tiennent de leur mère. (elle) → **Elle tient de sa mère.**

1. On s'intéresse beaucoup à l'environnement. (ils) → ....

2. Il a pensé à tout ! (tu) → ....

3. Il a décidé de ne pas prendre sa retraite. (elle) → ....

4. On l'a empêché de faire des bêtises. (je) → ....

5. Tu lui as dit de passer plus tard ? (vous) → ....

6. Nous avons accepté de reporter notre rendez-vous. (il) → ....

13 Complete las frases con *c'est, il est, elle est*, según el ejemplo.

Exemple : Monsieur Lagrange habite à côté de chez nous ; .... médecin.
→ Monsieur Lagrange habite à côté de chez nous ; **il est** médecin.

1. Samantha est caissière chez *Leclerc*. .... une caissière très attentive.

2. Marcus est suédois, de Malmö, mais .... un Suédois qui aime la Méditerranée.

3. Amina est toujours très occupée : .... mère de cinq enfants !

4. Tu connais monsieur Lebranchu ? .... informaticien.

5. Je ne sais pas ce que fait Loïc, le fils des Pavie ; .... peut-être encore étudiant.

6. Pablo, est-ce qu' .... argentin ou mexicain ?

7. Son frère est journaliste ; .... reporter à *Paris Match*.

14 Reemplace las palabras en cursiva según las indicaciones, utilizando la preposición correcta.

Exemple : Je suis allée aux États-Unis *l'année dernière.* (Australie, s. f.)
→ *Je suis allée en Australie l'année dernière.*

1. Il a habité *au Chili* pendant trois ans. (Mexique, s. m.) → ....

2. Nous n'irons pas *en Chine* comme prévu. (Pérou, s. m.) → ....

3. J'ai des amis *en Finlande.* (Irlande, s.f.) → ....

4. On est restés deux semaines *aux Philippines.* (Baléares, f. pl.) → ....

5. Est-ce que tu es allé *à Cuba* ? (Guatemala, s. m.) → ....

6. Son entreprise délocalise *en Roumanie.* (Bangladesh, s. m.) → ....

7. Mon grand-père a travaillé *en Hongrie.* (Autriche, s. f.) → ....

15 Complete con *par* o *pour*.

Exemple : *Tu as acheté une cartouche* .... *l'imprimante ?*
→ *Tu as acheté une cartouche pour l'imprimante ?*

1. Pour faire plus vite, il faut passer .... cette rue.

2. Ce colis est arrivé ce matin .... la Poste.

3. Qu'est-ce que vous faites .... le Nouvel An ?

4. J'ai effacé mon texte .... distraction.

5. L'autoroute .... Marseille est déviée à cause d'un accident.

6. Tu dois boire au moins deux litres d'eau .... jour

7. Je t'envoie un message, je ne peux pas te dire ça .... téléphone.

16 Exprese la causa o la consecuencia de un modo diferente.

Exemples : *Anne n'est pas là à cause de la grève.* → *Anne n'est pas là car il y a la grève.*
On s'est levés trop tard, donc on n'a pas pu saluer Christian.
→ *On s'est levés tard, par conséquent on n'a pas pu saluer Christian.*

1. Jeff ne m'a pas salué, car il ne m'a pas reconnu. → ....

2. Avec tous ces travaux, notre bus a du retard. → ....

3. J'étais fatigué, donc je me suis arrêté. → ....

4. L'eau manque à cause de la sécheresse. → ....

5. La musique était très forte et je n'ai pas pu dormir. → ....

6. L'adresse était incorrecte, la lettre n'est jamais arrivée. → ....

7. Grâce au beau temps, les touristes reviennent. → ....

- Se exponen a continuación las tablas de las conjugaciones, reducidas a los tiempos cuyo conocimiento está previsto en los niveles A1 y A2. Se mencionan únicamente las formas escritas (que son las que poseen las particularidades ortográficas) y no las conjugaciones orales, que son más sencillas y más fáciles por tanto de retener.

- Recordamos que es muy útil el procedimientos mnemotécnico denominado de los "tiempos principales", que consiste en memorizar para cada verbo una serie constante de formas, como en el caso siguiente: *finir* (infinitivo), *finissant* (participio presente), *fini* (participio pasado), *je finis* (persona 1 / primera persona de presente de indicativo), *je finis* (persona 1 / primera persona de pretérito indefinido).

Finir	Finiss-ant	Fini	Je finis (présent)	Je finis (passé simple)
• futur • conditionnel	• imparfait • présent indicatif pluriel • subjonctif présent	• temps composés	• présent indicatif singulier	• passé simple • subjonctif imparfait

- P. Le Goffic (1997: *Les formes conjuguées du verbe français*, Paris, Ophrys, p. 30-31) propone memorizar una secuencia diferente de formas, que permite construir igualmente los restantes tiempos de un verbo dado:

  Venir, je viens, nous venons, ils viennent, je viendrai, je suis venu, il vint.
  Boire, je bois, nous buvons, ils boivent, je boirai, j'ai bu, il but.

- Los verbos que se conjugan con el auxiliar *être* se denominan, por convención, verbos de movimiento. Se trata en particular de los verbos siguientes:

  aller, arriver, naître, entrer, rester, partir, tomber, mourir…

INDEX DES VERBES PAR ORDRE ALPHABÉTIQUE

1. AVOIR auxiliaire *avoir*					
Participe présent/passé	Indicatif présent	Indicatif imparfait	Indicatif futur	Conditionnel présent	Impératif présent
ayant eu	j' ai tu as il a nous avons vous avez ils ont	j' avais tu avais il avait nous avions vous aviez ils avaient	j' aurai tu auras il aura nous aurons vous aurez ils auront	j' aurais tu aurais il aurait nous aurions vous auriez ils auraient	aie ayons ayez

2. ÊTRE auxiliaire *avoir*					
Participe présent/passé	Indicatif présent	Indicatif imparfait	Indicatif futur	Conditionnel présent	Impératif Présent
étant été	je suis tu es il est nous sommes vous êtes ils sont	j' étais tu étais il était nous étions vous étiez ils étaient	je serai tu seras il sera nous serons vous serez ils seront	je serais tu serais il serait nous serions vous seriez ils seraient	sois soyons soyez

3. VERBES EN -*ER*, modèle général PARLER auxiliaire *avoir*					
Participe présent/passé	Indicatif présent	Indicatif imparfait	Indicatif futur	Conditionnel présent	Impératif présent
parlant parlé	je parle tu parles il parle nous parlons vous parlez ils parlent	je parlais tu parlais il parlait nous parlions vous parliez ils parlaient	je parlerai tu parleras il parlera nous parlerons vous parlerez ils parleront	je parlerais tu parlerais il parlerait nous parlerions vous parleriez ils parleraient	parle parlons parlez

4. VERBES EN -*ER*, cas particulier APPELER auxiliaire *avoir*					
Participe présent/passé	Indicatif présent	Indicatif imparfait	Indicatif futur	Conditionnel présent	Impératif présent
appelant appelé	j'appelle tu appelles il appelle nous appelons vous appelez ils appellent	j'appelais tu appelais il appelait nous appelions vous appeliez ils appelaient	j'appellerai tu appelleras il appellera nous appellerons vous appellerez ils appelleront	j'appellerais tu appellerais il appellerait nous appellerions vous appelleriez ils appelleraient	appelle appelons appelez

5. VERBES EN -ER, cas particulier
ACHETER auxiliaire *avoir*

Participe présent/passé	Indicatif présent	Indicatif imparfait	Indicatif futur	Conditionnel présent	Impératif présent
achetant acheté	j'achète tu achètes il achète nous achetons vous achetez ils achètent	j'achetais tu achetais il achetait nous achetions vous achetiez ils achetaient	j'achèterai tu achèteras il achètera nous achèterons vous achèterez ils achèteront	j'achèterais tu achèterais il achèterait nous achèterions vous achèteriez ils achèteraient	achète achetons achetez

6. VERBES EN -ER, cas particulier
ESPÉRER auxiliaire *avoir*

Participe présent/passé	Indicatif présent	Indicatif imparfait	Indicatif futur	Conditionnel présent	Impératif présent
espérant espéré	j'espère tu espères il espère nous espérons vous espérez ils espèrent	j'espérais tu espérais il espérait nous espérions vous espériez ils espéraient	j'espérerai tu espéreras il espérera nous espérerons vous espérerez ils espèreront	j'espérerais tu espérerais il espérerait nous espérerions vous espéreriez ils espéreraient	espère espérons espérez

7. VERBES EN -ER, cas particulier
EMPLOYER auxiliaire *avoir*

Participe présent/passé	Indicatif présent	Indicatif imparfait	Indicatif futur	Conditionnel présent	Impératif présent
employant employé	j'emploie tu emploies il emploie nous employons vous employez ils emploient	j'employais tu employais il employait nous employions vous employiez ils employaient	j'emploierai tu emploieras il emploiera nous emploierons vous emploierez ils emploieront	j'emploierais tu emploierais il emploierait nous emploierions vous emploieriez ils emploieraient	emploie employons employez

8. VERBES EN -ER, cas particulier
COMMENCER auxiliaire *avoir*

Participe présent/passé	Indicatif présent	Indicatif imparfait	Indicatif futur	Conditionnel présent	Impératif présent
commençant commencé	je commence tu commences il commence nous commençons vous commencez ils commencent	je commençais tu commençais il commençait nous commencions vous commenciez ils commençaient	je commencerai tu commenceras il commencera nous commencerons vous commencerez ils commenceront	je commencerais tu commencerais il commencerait nous commencerions vous commenceriez ils commenceraient	commence commençons commencez

9. VERBES EN -ER, cas particulier
MANGER auxiliaire *avoir*

Participe présent/passé	Indicatif présent	Indicatif imparfait	Indicatif futur	Conditionnel présent	Impératif présent
mangeant mangé	je mange tu manges il mange nous mangeons vous mangez ils mangent	je mangeais tu mangeais il mangeait nous mangions vous mangiez ils mangeaient	je mangerai tu mangeras il mangera nous mangerons vous mangerez ils mangeront	je mangerais tu mangerais il mangerait nous mangerions vous mangeriez ils mangeraient	mange mangeons mangez

10. VERBES EN -ER, cas particulier
ENVOYER auxiliaire *avoir*

Participe présent/passé	Indicatif présent	Indicatif imparfait	Indicatif futur	Conditionnel présent	Impératif présent
envoyant envoyé	j' envoie tu envoies il envoie nous envoyons vous envoyez ils envoient	j' envoyais tu envoyais il envoyait nous envoyions vous envoyiez ils envoyaient	j' enverrai tu enverras il enverra nous enverrons vous enverrez ils enverront	j' enverrais tu enverrais il enverrait nous enverrions vous enverriez ils enverraient	envoie envoyons envoyez

11. VERBES EN -IR, modèle
FINIR auxiliaire *avoir*

Participe présent/passé	Indicatif présent	Indicatif imparfait	Indicatif futur	Conditionnel présent	Impératif présent
finissant fini	je finis tu finis il finit nous finissons vous finissez ils finissent	je finissais tu finissais il finissait nous finissions vous finissiez ils finissaient	je finirai tu finiras il finira nous finirons vous finirez ils finiront	je finirais tu finirais il finirait nous finirions vous finiriez ils finiraient	finis finissons finissez

12. VERBES EN -IR, modèle
PARTIR auxiliaire *être*

Participe présent/passé	Indicatif présent	Indicatif imparfait	Indicatif futur	Conditionnel présent	Impératif présent
partant parti	je pars tu pars il part nous partons vous partez ils partent	je partais tu partais il partait nous partions vous partiez ils partaient	je partirai tu partiras il partira nous partirons vous partirez ils partiront	je partirais tu partirais il partirait nous partirions vous partiriez ils partiraient	pars partons partez

13. VERBES EN -IR, modèle
OUVRIR auxiliaire *avoir*

Participe présent/passé	Indicatif présent	Indicatif imparfait	Indicatif futur	Conditionnel présent	Impératif présent
ouvrant ouvert	j' ouvre tu ouvres il ouvre nous ouvrons vous ouvrez ils ouvrent	j' ouvrais tu ouvrais il ouvrait nous ouvrions vous ouvriez ils ouvraient	j' ouvrirai tu ouvriras il ouvrira nous ouvrirons vous ouvrirez ils ouvriront	j' ouvrirais tu ouvrirais il ouvrirait nous ouvririons vous ouvririez ils ouvriraient	ouvre ouvrons ouvrez

AUTRES VERBES

14. ALLER auxiliaire *être*

Participe présent/passé	Indicatif présent	Indicatif imparfait	Indicatif futur	Conditionnel présent	Impératif présent
allant allé	je vais tu vas il va nous allons vous allez ils vont	j' allais tu allais il allait nous allions vous alliez ils allaient	j' irai tu iras il ira nous irons vous irez ils iront	j' irais tu irais il irait nous irions vous iriez ils iraient	va allons allez

15. VENIR auxiliaire *être*

Participe présent/passé	Indicatif présent	Indicatif imparfait	Indicatif futur	Conditionnel présent	Impératif présent
venant venu	je viens tu viens il vient nous venons vous venez ils viennent	je venais tu venais il venait nous venions vous veniez ils venaient	je viendrai tu viendras il viendra nous viendrons vous viendrez ils viendront	je viendrais tu viendrais il viendrait nous viendrions vous viendriez ils viendraient	viens venons venez

16. RECEVOIR auxiliaire *avoir*

Participe présent/passé	Indicatif présent	Indicatif imparfait	Indicatif futur	Conditionnel présent	Impératif présent
recevant reçu	je reçois tu reçois il reçoit nous recevons vous recevez ils reçoivent	je recevais tu recevais il recevait nous recevions vous receviez ils recevaient	je recevrai tu recevras il recevra nous recevrons vous recevrez ils recevront	je recevrais tu recevrais il recevrait nous recevrions vous recevriez ils recevraient	reçois recevons recevez

17. POUVOIR auxiliaire *avoir*

Participe présent/passé	Indicatif présent	Indicatif imparfait	Indicatif futur	Conditionnel présent	Impératif présent
pouvant pu	je peux tu peux il peut nous pouvons vous pouvez ils peuvent	je pouvais tu pouvais il pouvait nous pouvions vous pouviez ils pouvaient	je pourrai tu pourras il pourra nous pourrons vous pourrez ils pourront	je pourrais tu pourrais il pourrait nous pourrions vous pourriez ils pourraient	*pas d'impératif*

18. VOULOIR auxiliaire *avoir*

Participe présent/passé	Indicatif présent	Indicatif imparfait	Indicatif futur	Conditionnel présent	Impératif présent
voulant voulu	je veux tu veux il veut nous voulons vous voulez ils veulent	je voulais tu voulais il voulait nous voulions vous vouliez ils voulaient	je voudrai tu voudras il voudra nous voudrons vous voudrez ils voudront	je voudrais tu voudrais il voudrait nous voudrions vous voudriez ils voudraient	veuillez

19. DEVOIR auxiliaire *avoir*

Participe présent/passé	Indicatif présent	Indicatif imparfait	Indicatif futur	Conditionnel présent	Impératif présent
devant dû	je dois tu dois il dois nous devons vous devez ils doivent	je devais tu devais il devait nous devions vous deviez ils doivent	je devrai tu devras il devra nous devrons vous devrez ils devront	je devrais tu devrais il devrait nous devrions vous devriez ils devraient	dois devons devez

20. SAVOIR auxiliaire *avoir*

Participe présent/passé	Indicatif présent	Indicatif imparfait	Indicatif futur	Conditionnel présent	Impératif présent
sachant su	je sais tu sais il sait nous savons vous savez ils savent	je savais tu savais il savait nous savions vous saviez ils savaient	je saurai tu sauras il saura nous saurons vous saurez ils sauront	je saurais tu saurais il saurait nous saurions vous sauriez ils sauraient	sache sachons sachez

LES CONJUGAISONS

21. VOIR auxiliaire *avoir*

Participe présent/passé	Indicatif présent	Indicatif imparfait	Indicatif futur	Conditionnel présent	Impératif présent
voyant vu	je vois tu vois il voit nous voyons vous voyez ils voient	je voyais tu voyais il voyait nous voyions vous voyiez ils voient	je verrai tu verras il verra nous verrons vous verrez ils verront	je verrais tu verrais il verrait nous verrions vous verriez ils verraient	vois voyons voyez

22. METTRE auxiliaire *avoir*

Participe présent/passé	Indicatif présent	Indicatif imparfait	Indicatif futur	Conditionnel présent	Impératif présent
mettant mis	je mets tu mets il met nous mettons vous mettez ils mettent	je mettais tu mettais il mettait nous mettions vous mettiez ils mettaient	je mettrai tu mettras il mettra nous mettrons vous mettrez ils mettront	je mettrais tu mettrais il mettrait nous mettrions vous mettriez ils mettraient	mets mettons mettez

23. PRENDRE auxiliaire *avoir*

Participe présent/passé	Indicatif présent	Indicatif imparfait	Indicatif futur	Conditionnel présent	Impératif présent
prenant pris	je prends tu prends il prend nous prenons vous prenez ils prennent	je prenais tu prenais il prenait nous prenions vous preniez ils prenaient	je prendrai tu prendras il prendra nous prendrons vous prendrez ils prendront	je prendrais tu prendrais il pendrait nous prendrions vous prendriez ils prendraient	prends prenons prenez

24. VENDRE auxiliaire *avoir*

Participe présent/passé	Indicatif présent	Indicatif imparfait	Indicatif futur	Conditionnel présent	Impératif présent
vendant vendu	je vends tu vends il vend nous vendons vous vendez ils vendent	je vendais tu vendais il vendait nous vendions vous vendiez ils vendaient	je vendrai tu vendras il vendra nous vendrons vous vendrez ils vendront	je vendrais tu vendrais il vendrait nous vendrions vous vendriez ils vendraient	vends vendons vendez

25. FAIRE auxiliaire *avoir*

Participe présent/passé	Indicatif présent	Indicatif imparfait	Indicatif futur	Conditionnel présent	Impératif présent
faisant fait	je fais tu fais il fait nous faisons vous faites ils font	je faisais tu faisais il faisait nous faisions vous faisiez ils faisaient	je ferai tu feras il fera nous ferons vous ferez ils feront	je ferais tu ferais il ferait nous ferions vous feriez ils feraient	fais faisons faites

26. DIRE auxiliaire *avoir*

Participe présent/passé	Indicatif présent	Indicatif imparfait	Indicatif futur	Conditionnel présent	Impératif présent
disant dit	je dis tu dis il dit nous disons vous dites ils disent	je disais tu disais il disait nous disions vous disiez ils disaient	je dirai tu diras il dira nous dirons vous direz ils diront	je dirais tu dirais il dirait nous dirions vous diriez ils diraient	dis disons dites

27. CONNAÎTRE auxiliaire *avoir*

Participe présent/passé	Indicatif présent	Indicatif imparfait	Indicatif futur	Conditionnel présent	Impératif présent
connaissant connu	je connais tu connais il connaît nous connaissons vous connaissez ils connaissent	je connaissais tu connaissais il connaissait nous connaissions vous connaissiez ils connaissaient	je connaîtrai tu connaîtras il connaîtra nous connaîtrons vous connaîtrez ils connaîtront	je connaîtrais tu connaîtrais il connaîtrait nous connaîtrions vous connaîtriez ils connaîtraient	connais connaissons connaissez

28. BOIRE auxiliaire *avoir*

Participe présent/passé	Indicatif présent	Indicatif imparfait	Indicatif futur	Conditionnel présent	Impératif présent
buvant bu	je bois tu bois il boit nous buvons vous buvez ils boivent	je buvais tu buvais il buvait nous buvions vous buviez ils buvaient	je boirai tu boiras il boira nous boirons vous boirez ils boiront	je boirais tu boirais il boirait nous boirions vous boiriez ils boiraient	bois buvons buvez

29. CROIRE auxiliaire *avoir*					
Participe présent/passé	Indicatif présent	Indicatif imparfait	Indicatif futur	Conditionnel présent	Impératif présent
croyant cru	je crois tu crois il croit nous croyons vous croyez ils croient	je croyais tu croyais il croyait nous croyions vous croyiez ils croyaient	je croirai tu croiras il croira nous croirons vous croirez ils croiront	je croirais tu croirais il croirait nous croirions vous croiriez ils croiraient	crois croyons croyez

30. ÉCRIRE auxiliaire *avoir*					
Participe présent/passé	Indicatif présent	Indicatif imparfait	Indicatif futur	Conditionnel présent	Impératif présent
écrivant écrit	j'écris tu écris il écrit nous écrivons vous écrivez ils écrivent	j'écrivais tu écrivais il écrivait nous écrivions vous écriviez ils écrivaient	j' écrirai tu écriras il écrira nous écrirons vous écrirez ils écriront	j' écrirais tu écrirais il écrirait nous écririons vous écririez ils écriraient	écris écrivons écrivez

Se exponen a continuación una serie de términos gramaticales utilizados en esta obra para describir al francés, con su definición corriente.

ATTRIBUT

* Palabra que completa un verbo pero que remite al sujeto o al objeto. Se utiliza con verbos como: *être, paraître, sembler, devenir* o *croire, penser, trouver*…:

    Paul semble <u>sincère</u>. (Paul parece <u>sincero</u>.)

    Je trouve ce pull assez <u>beau</u>. (Me parece bastante <u>bonito</u> este jersey.)

    Aporta generalmente una precisión acerca del estado, la apariencia, la calidad de la palabra a la que remite.

CATÉGORIE

* Clase de palabras que poseen unas mismas propiedades: verbo, nombre, adjetivo…

COMPLÉMENT CIRCONSTANCIEL

* Función de una palabra o grupo de palabras que aportan precisiones de lugar, de tiempo… en un enunciado. Puede estar introducido por una preposición o construirse directamente:

    À Lille, il faisait chaud <u>cet été</u>. (Hacía mucho calor <u>en Lille</u> <u>este verano</u>.)

COMPLÉMENT D'OBJET DIRECT

* Véase *complément du verbe*.

COMPLÉMENT D'OBJET INDIRECT

* Véase *complément du verbe*.

COMPLÉMENT DU VERBE (FONCTION)

* Función desempeñada por una palabra situada después del verbo, que es esencial para el sentido del verbo, puesto que lo "complementa".

* Los complementos de objeto directo siguen al verbo de modo inmediato; poseen a menudo el sentido de: aquello sobre lo que se ejerce la acción del verbo:

    Je perds mon <u>temps</u>. (Pierdo <u>mi tiempo</u>.)

* Los complementos de objeto indirecto están introducidos por una preposición (*à, de*…); poseen a menudo el sentido de beneficiario/destinatario de la acción del verbo:

    On s'occupe <u>de votre commande</u>. (Nos estamos ocupando <u>de su pedido</u>.)

ÉNONCÉ

* Cualquier producción verbal:

    Bonjour ! D'accord ! Pourquoi pas ? Je ne sais pas.

FONCTION (de una palabra)

- Papel que desempeña en una frase: sujeto, complemento…

PHRASE

- Enunciado construido en torno a un verbo conjugado:
  > *Il arrive ce soir.*
  > *La nuit tombe vite.*

- También se conoce bajo el término de oración.

PRÉPOSITION

- Categoría de palabras invariables, que sirve para indicar las relaciones que existen entre las palabras en una frase (al igual que las conjunciones):
  > *à, de, pour, à côté de, par rapport à…*

PRONOM PERSONNEL

- El pronombre remite a un nombre de persona: *je, tu, il (Jacques), elle (Sophie)*… o de un ser (animal, objeto):
  > *Regarde ce cheval ! Il est beau !*

- Se utiliza en lugar del nombre:
  > *Le dîner est prêt. Il a l'air délicieux.*

PROPOSITION

- Además de las frases simples, existen frases complejas constituidas por una frase principal y por una o varias frases subordinadas (introducidas por una conjunción: *que, quand, si*…). Se denominan por ello: *proposition principale* (proposición principal) y *proposition subordonnée* (proposición subordinada).

SUJET (función)

- La función sujeto se atribuye generalmente a la palabra que efectúa la acción del verbo, y determina por ello la persona y el número del verbo (y también el género, en el caso del participio pasado conjugado con el auxiliar *être*).

- La función sujeto puede ser desempeñada por un nombre, un pronombre, un verbo en infinitivo…:
  > *Les élèves sont attentifs.* (Los alumnos están atentos.)
  > *Elle est arrivée en retard.* ([Ella] ha llegado tarde.)
  > *Partir maintenant m'ennuie.* (Irnos ahora no me apetece nada.)

TEMPS COMPOSÉ

- Tiempo del verbo construido con un verbo auxiliar (habitualmente *avoir*) y el participio pasado del verbo en cuestión:
  > *J'ai oublié mon sac.* (verbo *oublier*).

- Se opone a tiempo simple.

[a]	ami, lac, patte	[p]	père, soupe
[e]	année, aller, chez	[b]	bateau, robe
[ɛ]	sec, poète, tête, peine, lait	[d]	danse, aide
[i]	il, ville, île	[t]	train, vite
[ɔ]	note, robe, Paul	[k]	carte, quatre, kilo
[o]	mot, dôme, aube, eau	[g]	gare, bague
[u]	genou, pour, goût	[f]	feu, photo
[y]	rue, usage	[v]	voir, wagon, rêve
[œ]	meuble, sœur	[s]	savant, science, cela, garçon, action
[ø]	peu, deux		
[ə]	me, premier	[z]	maison, réseau, zéro
[ɛ̃]	lin, bain, plein, (tu) viens, parfum	[ʒ]	jeu, âge
		[ʃ]	chanson, tache, schéma
[ã]	champ, entrée	[l]	lent, sol, intelligence
[ɔ̃]	mon, poisson	[R]	rue, venir
[j]	yeux, lieu, paille	[m]	grammaire, mettre
[ɥ]	lui, nuit, suivre	[n]	neuf, dictionnaire
[w]	oui, ouest, moi		

Achevé d'imprimer en Italie en Janvier 2014
N° de projet :10183674 - Dépôt légal : Janvier 2014